D1696775

Vom Kofferstudio zum Mediencenter

Die Geschichte des Rundfunks in Thüringen 1925–2000

TRIANGEL
Das Radio zum Lesen

© Verlag Klaus-Jürgen Kamprad, Altenburg, 2002
in Zusammenarbeit mit dem Mitteldeutschen Rundfunk
www.querstand.de/www.mdr.de
Gesamtherstellung: Verlag Klaus-Jürgen Kamprad
Gestaltung/Layout: Ute Rosch
Lektorat: Roland Ludwig
Druck und buchbinderische Verarbeitung: Druckerei zu Altenburg GmbH
Dieses Buch basiert auf einer Serie von Beiträgen aus der „TRIANGEL",
der Programmzeitschrift von MDR Kultur

ISBN 3-930550-22-9

Vom Kofferstudio zum Mediencenter

Die Geschichte des Rundfunks in Thüringen 1925 – 2000

verfaßt von

Torsten Unger

herausgegeben von

Steffen Lieberwirth

im Auftrag des MDR

Verlag Klaus-Jürgen Kamprad

Altenburg 2002

Inhaltsverzeichnis

Inhaltsverzeichnis	5
Zum Geleit	6
Vorwort	7
Die drei Leben des Mitteldeutschen Rundfunks im Überblick – eine Einleitung	9
Thüringen – das Land mit der ersten UKW-Sendung	17
Rundfunk in Thüringen ab 1945 – der Beginn einer Tradition	23
„Der Weimarer Rundfunk sendet"	29
Neubeginn auf dem Berg – Umzug in die Nietzsche-Gedächtnishalle in Weimar	33
Der Rundfunk vor Ort – Beispiel Bruchstedt	41
Vom Föderalismus zum Zentralismus – Einrichtung eines Studios in Erfurt	45
Ein Lied geht um den Wald – die Geschichte des Rennsteigliedes	51
Kunterbunt am Vormittag – ein Programmtag zu Beginn der fünfziger Jahre	55
Hier spielt die Musik – Musikproduktionen in Weimar	59
Vorkenntnisse nicht erforderlich – die Rundfunkschule in Weimar	63
Die Entwicklung der Studios Gera und Suhl	67
Radio aus dem Ritterbad – das Studio auf der Wartburg	73
Der weite Weg in die Region – wie das Fernsehen nach Thüringen kam	79
Weimarer Abend und Thüringenwelle – Thüringer Hörfunk im Schatten der Mauer	87
„Länder life" – Thüringen auf dem Weg zum eigenen Fernsehprogramm	93
Radio in der Wende – vom Sender Weimar zum Thüringer Rundfunk	99
Ein Ding von Dauer – Andachten im Thüringer Hörfunk	109
Rucksack und Co. – das neue Angebot des Thüringer MDR-Fernsehens	113
Vom Thüringer Rundfunk zum MDR – MDR 1 Radio Thüringen	121
Ein Kanal für Kinder – Erfurt auf dem Weg zum Medienzentrum	131
Trimedial durchs Kulturstadtjahr Weimar 1999 – der MDR-Programmladen	135
Alles unter einem Dach – das MDR-Funkhaus in Erfurt	141
Das neue Funkhaus in Erfurt – ein Mediencenter	147
Zum Autor	148
Literaturverzeichnis	149
Personenverzeichnis	150
Chronik	152
Danksagung	159

Zum Geleit

Es gibt zahlreiche Veröffentlichungen zur deutschen Rundfunkgeschichte, aber keine, die profund und gründlich die historische Entwicklung des Rundfunks in Thüringen in den Mittelpunkt stellt. Deshalb freue ich mich, daß es dem MITTELDEUTSCHEN RUNDFUNK zusammen mit dem Verlag Klaus-Jürgen Kamprad gelungen ist, diese Lücke durch die Herausgabe dieses Buches „Vom Kofferstudio zum Mediencenter" zu schließen.

Gründe für eine gesonderte Betrachtung der rundfunkpolitischen Entwicklungen in Thüringen gibt es genug: Bereits 1925, also gut ein Jahr nach den ersten Radiosendungen in Berlin, gründete sich in Leipzig die Mitteldeutsche Rundfunk AG (MIRAG), die kurz danach auch ein Rundfunkstudio in Thüringen einrichtete. Als Standort wurde Weimar ausgewählt, das neue Radio wollte die kulturellen Angebote der Stadt nutzen.

Wie kein anderes Medium hat der Hörfunk in Thüringen in seinen Anfangsjahren die Kultur des Landes geprägt und umgekehrt die Kultur den Sender. So waren es vor allem Konzertübertragungen aus dem Deutschen Nationaltheater in Weimar, aber auch aus Sälen in Gotha, Jena und Sondershausen, die in der Pionierzeit des Rundfunks über das Radio den guten Klang Thüringer Kultur in ganz Deutschland verbreiteten.

Doch das war noch nicht alles. Auf technischem Gebiet war Jena schon zu Beginn der dreißiger Jahre des vorigen Jahrhunderts führend in der Welt. Am 26. März 1931 wurde aus dem Technisch-Physikalischen Institut die erste UKW-Reportage der Welt übertragen.

In beeindruckender Weise beschreibt der Autor Dr. Torsten Unger, wie der Rundfunk von 1925 bis in die Gegenwart die gesellschaftliche Kommunikation in Thüringen nachhaltig beeinflußt hat. Das Schwergewicht der Darstellung hat der Autor auf die Zeit nach 1945 gelegt; er beschreibt spannend und kenntnisreich, wie Hörfunk und Fernsehen sich unter den geänderten politischen Rahmenbedingungen in Thüringen entwickelten.

Der Mitteldeutsche Rundfunk gründete sich nach dem 2. Weltkrieg zum zweiten Mal neu; bereits wenige Monate nach Kriegsende wurden aus dem Hotel Elephant in Weimar wieder regelmäßige Sendungen ausgestrahlt. Das erste Fernsehstudio wurde 1960 in Thüringen eingerichtet, und nach der dritten Neugründung des MDR im Jahr 1991 kam auch noch das Internet als neues Medium aus Thüringen dazu.

Die Entwicklung von Radio, Fernsehen und Internet in Thüringen ist ein lebendiges Stück Regionalgeschichte, denn diese Medien haben wesentlich zur Ausbildung und zum Erhalt einer Thüringer Identität beigetragen. Radio, Fernsehen und Onlineangebote aus Thüringen für Thüringen und darüber hinaus – ich wünsche Ihnen viel Spaß bei den Thüringer Rundfunkgeschichten aus der Vergangenheit, Gegenwart und Zukunft.

Werner Dieste
Direktor
MDR Landesfunkhaus Thüringen

Vorwort

Die vorliegende Arbeit „Vom Kofferstudio zum Mediencenter" ist die erste Darstellung der Geschichte des Rundfunks in Thüringen von den Anfängen im Jahr 1925 bis in die Gegenwart, wobei mit Rundfunk öffentlich-rechtliche Sendeanstalten gemeint sind bzw. für die Anfangszeit ab 1925 auch private Einrichtungen wie die Mirag. Berücksichtigt ist selbstverständlich auch die DDR-Zeit mit der staatlichen Verwaltung und Leitung des Rundfunks.

Die Geschichte des Rundfunks in Thüringen – auf diesen interessanten Aspekt unserer Landesgeschichte ist bisher nur mit vereinzelten Arbeiten eingegangen worden. Anlaß dazu waren oft Jubiläen, die zumeist in der DDR mit Artikeln gewürdigt wurden, welche den politischen Stellenwert des Mediums „Rundfunk" hervorhoben, worunter in der DDR nur der „Hörfunk" verstanden wurde. Erst nach dem Mauerfall und mit der Errichtung föderaler Strukturen wird mit „Rundfunk" auch in den jungen Bundesländern die redaktionelle und verwaltungstechnische Einheit von Hörfunk und Fernsehen verstanden, zu der in jüngster Vergangenheit auch verstärkt die neuen Medien wie das Internet hinzutreten.

Ziel dieser ersten Thüringer Rundfunkgeschichte war – neben der Dokumentation – auch die Würdigung des nicht unerheblichen Beitrages, den der Rundfunk für den Fortbestand der „Idee Thüringen" geleistet hat. Denn man darf nicht vergessen, daß „Thüringen" von 1952 bis 1990 nur ein historischer Begriff war, nachdem per Gesetz die Länder in der DDR durch fünfzehn Bezirke ersetzt wurden. Ziel der DDR-Machthaber war die Abdrängung Thüringens in die reine Begrifflichkeit. Anhand der Versuche, auch in den Thüringer Bezirken Erfurt, Gera und Suhl in den fünfziger Jahren jeweils ein Hörfunkprogramm zu etablieren, wird in diesem Buch das Scheitern der DDR-Administration deutlich gemacht, die „Idee Thüringen" zu besiegen.

Mit dem Aufbau föderaler Rundfunkstrukturen, die sich von der zentralistischen Ost-Berliner Vorherrschaft sowohl beim Hörfunk als auch beim Fernsehen befreit hatten, wurde mit dem MDR auf staatsvertraglicher Grundlage sowohl Sachsen und Sachsen-Anhalt als auch Thüringen eine föderale Garantie auf Dauer abgegeben.

Der weite Weg dahin wird in diesem Buch nach dem Motto „Geschichte und Geschichten" beschrieben, von der Einrichtung der ersten „Besprechungsstelle" am 24. Januar 1925 in Weimar bis zur Einweihung des MDR-Neubaus in der Thüringer Landeshauptstadt Erfurt am 1. September 2000.

Dr. Torsten Unger
MDR 1 Radio Thüringen

Vom Kofferstudio zum Mediencenter

Vom Kofferstudio zum Mediencenter
Die Geschichte des Rundfunks in Thüringen
1925 – 2000

Die drei Leben des Mitteldeutschen Rundfunks im Überblick

Das Kind kam an einem Sonnabend zur Welt, hatte von Anfang an eine kräftige Stimme und war 450 Meter lang: „Hallo – hallo, hier ist Leipzig, hier ist der Leipziger Meßamtssender der Reichs-Telegraphen-Verwaltung für Mitteldeutschland, wir senden auf Welle 450!"[1]

Der 1. März 1924 war die Geburtsstunde des Mitteldeutschen Rundfunks, des zweiten Senders im Deutschen Reich nach Berlin. Als „Mitteldeutsche Rundfunk-A.-G., Gesellschaft für Unterhaltung und Belehrung", kurz „Mirag", war sie formal am 22. Januar 1924 in Leipzig gegründet worden. Was damals noch niemand wußte: der Mitteldeutsche Rundfunk war ein Sorgenkind, aber ein außerordentlich zähes. Zweimal verschwand er vollkommen von der Bildfläche, zum Glück aber nur vorübergehend.

Dreimal wurde der Mitteldeutsche Rundfunk insgesamt gegründet: 1924, 1945 und 1991.

Bild links:
Stilisiertes Mikrofon des Senders Weimar
Foto: Stadtarchiv Weimar

Der Weg zur drahtlosen Telephonie

Lang war auch der Weg, der zurückgelegt werden mußte, ehe es möglich wurde, Nachrichten und Musik drahtlos mittels elektromagnetischer Wellen zu übertragen. Voraussetzung für die „Funkentelegraphie" war die Beschäftigung mit den Wirkungen der Elektrizität. Eng verbunden ist der Gebrauch elektromagnetischer Wellen für die Übertragung von Informationen mit dem Namen Heinrich Hertz. Er wies 1888 erstmals die Existenz von elektromagnetischen Wellen nach. Der Italiener Guglielmo Marconi kombinierte Ende des neunzehnten Jahrhunderts eine Antenne mit einer Klingel und konnte so zum ersten Mal Morsezeichen über eine Entfernung von mehreren Kilometern übertragen. Mit großem technischen Aufwand gelang es ihm 1901 sogar, eine Funkbrücke über den Atlantik zu schlagen.

In Deutschland wurde bereits 1903 eine „Gesellschaft für drahtlose Telegraphie" gegründet. Erste Anwendung der neuen Technik war vor allem der Schiffsfunk, 1912 rief so auch der legendäre Ruf „SOS" von der „Titanic" die Helfer an die Unglücksstelle. 1917 übertrug der Direktor der Firma Telefunken, Hans Bredow, an der Westfront bei Reims Musik-

Mode- und Warenhaus „Reibstein", 1921
Foto: Stadtarchiv Erfurt

Der Lichthof im Mode- und Warenhaus „Reibstein",
1921
Foto: Stadtarchiv Erfurt

und Sprachsendungen mit einem Röhrensender. Diese frühen Erfolge ließen in ihm den Entschluß reifen, „dem ganzen Volke das Erlebnis des Rundfunkempfangs zu bringen".[2]
Ein weiterer Vorläufer regelmäßiger Rundfunkübertragungen war ab 1919 der „Wirtschaftsrundspruch"; zunächst wurden die Informationen mit Morsezeichen übertragen, ab 1922 aber „drahtlos-telefonisch". Inhalt waren Pressemeldungen und Börsennotierungen.
In Leipzig gab es schon ab 1919 innerstädtisch eine „Versuchsanlage für drahtlose Telephonie". Die Vorteile lagen auf der Hand: Die drahtlose Übertragung ermöglichte eine problemlose Versorgung der Bevölkerung auch an weit abgelegenen Orten mit Nachrichten, Wetterinformationen und Sportberichten. Nachdem die Zuständigkeit für den „Unterhaltungsrundfunk" auf das Reichspostministerium übertragen worden war – Post- und Innenministerium hatten sich darum gestritten –, war der Weg frei für das Rundfunkzeitalter.
Am 29. Oktober 1923 wurde es mit der Aufnahme eines regelmäßigen Rundfunkprogramms eingeläutet. Aus dem Berliner Vox-Haus meldete sich die „Sendestelle Berlin", vier Monate später die Mirag aus Leipzig.

Erstes Radio in Thüringen

Zum mitteldeutschen Sendegebiet zählten 1924 die Freistaaten Sachsen, Thüringen, Sachsen-Anhalt, die preußische Provinz Sachsen sowie Teile der Regierungsbezirke Magdeburg und Braunschweig.[3]
Schon bald wurde die Leipziger Geburtsstunde der „Mitteldeutschen Rundfunk-A.-G." auch für Thüringen bedeutend. Denn die schon in der Unternehmensbezeichnung angekündigten Ziele – Unterhaltung und Belehrung – waren ohne regionale Hilfestellung kaum zu verwirklichen, wenn man nur an die kulturellen Traditionen Weimars denkt.
Folgerichtig wurde für Thüringen auch zuerst in Weimar eine sogenannte „Besprechungsstelle" eröffnet. Das geschah am 24. Januar 1925, als sich Honoratioren der Stadt wie der Intendant des Deutschen Nationaltheaters Franz Ulbrich, sein Kapellmeister Ernst Latzko sowie Postrat Mücke im Weimarer Telegraphenamt versammelten, um die Eröffnung der Besprechungsstelle mitzuerleben. Nach heutigem Verständnis handelte es sich um ein Studio, das aber spartanisch und zum Teil auch provisorisch eingerichtet war, denn die Ausstattung einer Besprechungsstelle wurde in Koffern transportiert. Zu einem solchen Kofferstudio gehörten neben dem Mikrophon, einem Telefon und einer Uhr vor allem Isolierungen, um störende Geräusche zu vermeiden bzw. eine geeignete Akustik zu schaffen. Denn in den Pionierjahren des Rundfunks gab es keine Schallaufzeichnungen, alle Auftritte waren live. Oft war der Fußboden numeriert, damit die Musiker schnell ihre Plätze einnehmen konnten, meist war er auch mit einer weichen Unterlage versehen. Die Leitungen aus Weimar mündeten im Verstärkerraum des historischen Gebäudes „Alte Waage" in Leipzig.
Nicht zufällig also begann das aktive Rundfunkzeitalter für Thüringen in Weimar. Eine Zeitung sprach in ihrem Bericht nach der Eröffnung von der „in ganz besonderem Maße Ehrfurcht erweckenden Kulturstätte Weimar".[4] Die Stunde wurde dann auch geheiligt,

indem der Freistaat Thüringen eine Stradivari-Geige für diese Feier zur Verfügung stellte, auf der Robert Reitz, 1. Konzertmeister der Staatskapelle, musizierte. Ihm zur Seite standen die Musiker Ernst Latzko und Kammersänger Friedrich Strathmann. Nach der feierlichen Einweihung der „Besprechungsstelle" konnten die Herren aufatmen – in einer Zeitungsmeldung ist es sozusagen noch hörbar, wenn es heißt: „Die Durchgabe war von Glück begünstigt". Ebenfalls im Jahr 1925 wurden weitere Besprechungsstellen im Volkshaus Jena und in Erfurt eröffnet, die wie die Weimarer Zulieferfunktionen für das Leipziger „Zentralprogramm" der Mirag erfüllten.

Die damaligen Kofferstudios hatten ihre Standorte meist in der Nähe des Ereignisortes – so wurden Konzerte aus dem Deutschen Nationaltheater Weimar oder aus dem Saal des Volkshauses in Jena übertragen und dort auch Besprechungsstellen eingerichtet. Etwas aus dem Rahmen fällt allerdings die Besprechungsstelle in Erfurt. Sie wurde nämlich im „Mode- und Warenhaus Reibstein" in der Schlösserstraße installiert. Dieses Warenhaus wurde im 2. Weltkrieg zerstört, an seine Stelle trat in den neunziger Jahren das Kaufhaus „Breuninger".

Die Suche in den zwanziger Jahren nach geeigneten Räumen muß – will man einem Artikel der Radiozeitschrift „Die Mirag" Glauben schenken – längere Zeit in Anspruch genommen haben. Die Betreiber, so lesen wir, bemühten sich, „in Erfurt Räume zu finden, die für Rundfunkzwecke geeignet waren. Bei dem Mangel an umbautem Raum, der heute in Deutschland herrscht, ist das Problem schon an sich schwer zu lösen."[5] Doch Kommerzienrat Straßburg, Besitzer und Leiter der Firma „Mode- und Warenhaus Reibstein", gab der Besprechungsstelle eine Heimat.

Ebenfalls wie in Weimar wurde die Eröffnung mit einer Feierstunde begangen, die in Erfurt am 4. August 1925 um „7 Uhr abends" begann. Der Erfurter Oberbürgermeister Dr. Bruno Mann begrüßte die Gäste, und der Präsident der Handelskammer hielt eine Ansprache über die „Bedeutung der südmitteldeutschen und thüringischen Kultur und Wirtschaft und die Notwendigkeit des Rundfunks für ihre Belange". Waren 1925 drei Besprechungsstellen – in Weimar, Erfurt und Jena – für Thüringen eingerichtet worden, so folgten in den kommenden Jahren noch zwei weitere.

„Unsere Nachricht über die Errichtung von Rundfunks-Besprechungsstellen in Eisenach hat in allen Kreisen der Einwohnerschaft größtes Interesse gefunden", meldet die „Eisenacher Zeitung" am 15. April 1926. Gewählt wurde dafür der wohl würdigste Ort Eisenachs: die Wartburg. Denn hier fanden Konzerte und Kongresse statt, der Weg zwischen Musik und Mikrophon war also wieder kurz.

Noch heute besteht ein Studio auf der Wartburg, das, mit entsprechender Übertragungstechnik ausgestattet, Konzerte aus dem Palas überträgt. Doch davon wird an anderer Stelle noch die Rede sein.

1926 wurden Besprechungsstellen im Bankett-Saal und im Wartburg-Hotel eingebaut, eine dritte war im Hotel „Fürstenhof" in der Stadt geplant. Die Wartburg-Stiftung entschied, der Einrichtung von Besprechungsstellen auf der Burg zuzustimmen, und vermerkte im Protokoll der entscheidenden Sitzung unter anderem: „... auch tritt damit keine größere Blitzgefahr für die Wartburg ein".[6]

Aus „MIRAG", Nr. 27/1929

Archiv: Hagen Pfau

Einweihung der Weimarer Besprechungsstelle
der MIRAG
Foto: Stadtmuseum Weimar

obere Reihe v.l.n.r.

Ing. Köth · Redakteur Scheidemantel · Dr. Melzner · Redakteur Bauer · Dr. Malberg · Syndikus Stier von der Handwerkskammer · Konsul Haldermann · Direktor Dr. Buth · Elektromstr. Bachmann · Verkehrsdirektor Scheel · Staatsbankpräsident Geheimrat Prof. Dr. Jost · Polizeirat Bährecke · Gutsbesitzer Körner · Prof. Rich. Engelmann · Otto R. Helbig · Berufsschuldirektor Wild

mittlere Reihe v.l.n.r.

Badebesitzer Schulze · Postbeamter Walter · O.R.Rat · Postdirektor Grieneisen · Redakteur Kühn

untere Reihe v.l.n.r.

Minist.-Amtmann Dömming · Rundfunkdirektor Dr. Jäger · Geh. Medizinalrat Dr. Gumprecht · Stadtrat Schulze · Redakteur Doernfeld

Reichsrundfunkkammer
Der Landesleiter
Foto: Stadtmuseum Weimar

Die fünfte Besprechungsstelle in Thüringen erhielt Sondershausen. Vom Lohplatz wurden Konzerte des gleichnamigen Orchesters übertragen. Für die Jahre 1929 bis 1931 verzeichnet die Chronik der „Mirag" dann auch Konzertübertragungen aus Altenburg, Gotha und Gera. Das Radio der Anfangsjahre war vor allem ein Musen-Funk, denn in erster Linie wurden Konzerte und Theateraufführungen übertragen. Aber auch Berichte aus Politik und Wirtschaft spielten eine große Rolle.

Mit der „Gleichschaltung" des Rundfunks durch die Nationalsozialisten 1933 ging die erste Phase des „Mitteldeutschen Rundfunks" zu Ende. Auf den Tod der frühen Jahre folgte die Einrichtung eines „Großdeutschen Rundfunks", zu ihm gehörte auch der nunmehrige „Reichssender Leipzig".

Im Vor-Fernsehzeitalter hatten die Nationalsozialisten sofort begriffen, was Hörfunk bedeutete. Joseph Goebbels erklärte im April 1933: „Der Rundfunk ist das modernste, ich darf wohl sagen, das erfolgreichste Massenbeeinflussungsmittel."[7]

Die Funkhäuser wurden „gesäubert", die Intendanten in das Konzentrationslager Oranienburg eingewiesen, andere - wie der Intendant des Mitteldeutschen Rundfunks Ludwig Neubeck - wurden vorübergehend verhaftet. Tief gedemütigt - vor allem von einer Fahrt im offenen Lastwagen durch Leipzig - nahm er sich kurz darauf das Leben. Besonders tragisch daran war, daß Ludwig Neubeck sich selbst als Sympathisanten der Nationalsozialisten sah.

Die Besprechungsstellen wurden wieder in Koffer verpackt, im zentralistischen Großdeutschen Rundfunk spielte nun vor allem Propaganda für die Nationalsozialisten eine große Rolle. 1942 stellte der „Reichssender Leipzig" seinen Sendebetrieb ein, unter nunmehr amerikanischer Regie wurde er im Mai 1945 als „Radio Leipzig" vorübergehend wiedereröffnet.

Die Geschichte des „Radios Leipzig" ist kurz, denn durch die Viermächte-Verhandlungen und die Aufteilung Berlins in vier Sektoren kam es im Juni 1945 zum Gebietsaustausch unter den Siegermächten. Mitteldeutschland fiel in sowjetische Hand. Dadurch war auch der Boden für eine vollkommen veränderte Radiolandschaft bereitet.

Das zweite Leben des Mitteldeutschen Rundfunks

Am 20. November 1945 wurde in Dresden die „Mitteldeutsche Rundfunkgesellschaft" gegründet. Nach der „Mirag" gab es nun zum zweiten Mal einen „Mitteldeutschen Rundfunk". Der Rundfunk in Thüringen allerdings nahm zunächst einen eigenen Weg. Im Sommer 1945 - noch vor der Gründung der „Mitteldeutschen Rundfunkgesellschaft" - liefen hier die Vorbereitungen für den Start eines Landessenders schon auf Hochtouren. Versuchssendungen über den MW-Strahler in Belvedere fanden statt, und am 1. Dezember 1945 begann der „Landessender Weimar" mit der regelmäßigen Ausstrahlung von Sendungen.

Der „Landessender Weimar" gehörte zu diesem Zeitpunkt noch nicht zum „Mitteldeutschen Rundfunk". Er war eine „Außenstelle des Berliner Rundfunks". Diesen Status sollte er bis 1946 behalten. Neben den eigenen Sendungen lieferte er auch Beiträge bis hin zur Konzertübertragung für das Programm des Berliner Rundfunks.

In Leipzig wurde Anfang 1946 ebenfalls ein eigenes Programm vorbereitet. Aber es dauerte bis zum Mai, ehe die Vorbereitungen abgeschlossen waren. Mitte Mai 1946 begann schließlich der „Mitteldeutsche Rundfunksender Leipzig" seine Arbeit als selbständiges Programm, die Gründungsversammlung hatte bereits im Herbst 1945 stattgefunden. Am 4. Juni 1946 meldete sich dann erstmals nach dem Krieg wieder der Mitteldeutsche Rundfunk, Sender Leipzig.

In der sowjetischen Besatzungszone wurden eine nördliche und eine südliche Programmgemeinschaft gebildet: Im Norden der Berliner Rundfunk mit den Landessendern Potsdam und Schwerin, im Süden der Sender Leipzig mit den Landessendern Dresden, Halle und Weimar. Die Landessender waren in der Programmgemeinschaft des Mitteldeutschen Rundfunks eigenständig, lieferten aber Programmbestandteile für den Sender Leipzig zu. Der Landessender Weimar strahlte also in dieser Zeit sein Eigenprogramm auf der eigenen Frequenz aus, daneben erfüllte er „Lieferpflichten" für die „Zentrale", für das Programm des Senders Leipzig. Anfang Dezember 1946 produzierte der Mitteldeutsche Rundfunk zusammen mit seinen Landessendern täglich vier bis sechs Stunden Programm. Dazu gehörten beispielsweise Wirtschaftsreportagen, die Kommentierung von Beschlüssen des Freien Deutschen Gewerkschaftsbundes (FDGB), natürlich Nachrichten, außerdem Kammermusik, Volksmusik, Kinderfunk und Hörspiele.

Das zweite Leben des Mitteldeutschen Rundfunks endete am 14. September 1952. Die ehemaligen Länder im Osten Deutschlands – Mecklenburg-Vorpommern, Brandenburg, Sachsen, Sachsen-Anhalt und Thüringen – wurden aufgelöst. Thüringen zerfiel in drei Bezirke: Erfurt, Gera und Suhl.

In Berlin entstand das „Staatliche Komitee für Rundfunk beim Ministerrat der DDR", das fortan die Arbeit der Hörfunksender steuerte und überwachte. Das Programm des Mitteldeutschen Rundfunks und der Landessender wurde eingestellt. Die Leitung des Rundfunks – gemeint ist der Hörfunk – erfolgte von nun an zentral aus Ost-Berlin, die Landessender wurden zu Studios mit Zulieferfunktion ohne eigenes Programm degradiert.

Die dritte Neugründung des Mitteldeutschen Rundfunks

Seine Wiedergeburt erlebte der Mitteldeutsche Rundfunk nach der politischen Wende in der DDR als Drei-Länder-Anstalt für Sachsen, Sachsen-Anhalt und Thüringen. Am 30. Mai 1991 unterzeichneten die Ministerpräsidenten Kurt Biedenkopf, Gerd Gies und Josef Duchac im Barocksaal der Erfurter Staatskanzlei den Staatsvertrag über den Mitteldeutschen Rundfunk. Ursprünglich sollte die Unterzeichnung in der sächsischen Staatskanzlei stattfinden, aber kurzfristig war das Treffen nach Erfurt verlegt worden.

Zum MDR-Gründungsbeauftragten für den Freistaat Thüringen wurde bereits Anfang April 1991 Prof. Kurt Morneweg, der zuvor das Hörfunk- und Fernsehstudio des Hessischen Rundfunks in Kassel geleitet hatte, berufen. Einer seiner wichtigsten Ansprechpartner in Thüringen wurde Kirchenrat Horst Greim, der schon im Rundfunkausschuß von Rudolf Mühlfenzl mitgewirkt hatte, einem Gremium, das den Beauftragten für die Überleitung des DDR-Rundfunks in föderale Strukturen beriet. Als bewährter Ansprechpartner für regionale Belange und für Kirchenangelegenheiten stand Horst Greim nun dem MDR zur Verfügung. (Zum Thema DDR-Hörfunk und -Fernsehen in der Zeit 1990/91 wird in den Kapiteln „Länder life – das DDR-Fernsehen auf dem Weg zum Föderalismus" und „Radio in der Wende – vom Sender Weimar zum Thüringer Rundfunk" berichtet.)

Mit der Unterzeichnung des Staatsvertrages und der Berufung eines Gründungsbeauftragten war der Weg frei für den Neuaufbau von Strukturen, die es in Thüringen bis dahin nicht gegeben hatte. Hörfunk und Fernsehen wurden unter einem Dach vereinigt.

In der DDR waren Hörfunk – nach DDR-Sprachregelung „Rundfunk" – und Fernsehen getrennt verwaltet und geleitet worden, zwei unterschiedliche staatliche Komitees (ab 1968 gab es auch ein Staatliches Komitee für Fernsehen) wachten über die so wichtigen Medien für die Massenkommunikation. Der Begriff „Rundfunk" bezeichnete – wie in den alten Bundesländern – nun auch in Thüringen die Gemeinschaft von Hörfunk und Fernsehen, die in einem Medienzentrum vereint sein würden und – das ist ein gravierender Unterschied zu allen Vorläufern – aus der Region für die Region berichteten. Hinzu kamen im Verlauf der weiteren Entwicklung auch die neuen Medien wie das Internet, in dem der MDR sich ebenfalls präsentiert.

„Das Regionale ist das Programm", so die Maxime von Prof. Kurt Morneweg angesichts des Neuaufbaus. Für ihn galt es, funktionsfähige Länderanstalten zu schaffen. Für Thüringen im Verbund der Dreiländeranstalt MDR bedeutete das, mit Augenmaß abzuwägen, welche Aufgaben der künftigen Leipziger MDR-Zentrale zufallen sollten und welche es vor Ort zu lösen galt.

Modernes Sendestudio 2002
Foto: MDR

Dabei spielte auch der Gedanke eine Rolle, im Vergleich zu den ARD-Anstalten in den alten Bundesländern mit dem MDR eine Anstalt zu schaffen, die bestimmte Fehler nicht wiederholt. So sind die alten ARD-Anstalten, u. a. angesichts der Entwicklungen beispielsweise im Bereich Neue Medien, immer noch streng hierarchisch gegliedert und damit weniger flexibel. Außerdem ist der Verwaltungsapparat in den alten Anstalten unverhältnismäßig groß, was nicht zuletzt den Gebührenzahler belastet. Der MDR präsentierte sich von Anfang an – um ein mittlerweile geflügeltes Wort aufzugreifen – als „schlanke Anstalt", die vor allem flexiblen und aufgeschlossenen Mitarbeitern eine Chance gibt. Von Anfang an wurden diese Mitarbeiter des MDR auch nach Westtarif bezahlt, was zum Sendestart 1992 eine kleine Sensation war.

[1] zitiert nach: Hagen Pfau/Steffen Lieberwirth, Mitteldeutscher Rundfunk. Radiogeschichte(n), Altenburg 2000, S. 17
[2] ebenda, S. 13
[3] ebenda, S. 17
[4] ebenda, S. 50
[5] ebenda, S. 53
[6] ebenda, S. 54
[7] ebenda, S. 157

Die Mirag
Jllustrierte Rundfunk Zeitung

Ein deutsches Burgidyll
Erster Wartburghof mit Luthererker. Zur Thüringer Woche der Mirag (29. Juni – 6. Juli) — Aufn. Techno-Phot.

| Nummer 26 | Leipzig, 28. Juni 1930 | Preis 35 Pfg. |

VERLAG: VERLAGSANSTALT DES LEIPZIGER MESSAMTS G. M. B. H., LEIPZIG

Vom Kofferstudio zum Mediencenter

Thüringen – das Land mit der ersten UKW-Sendung

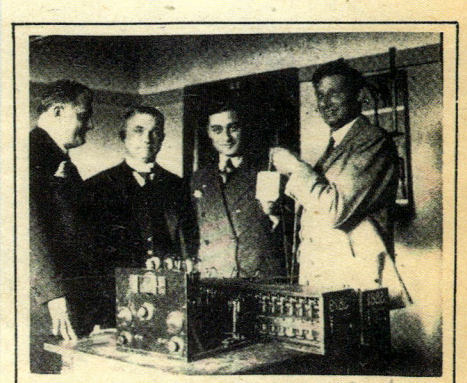

Bild links: „Die Mirag" 26/1930
Archiv: Hagen Pfau

Als offizielle Geburtsstunde des UKW-Hörfunks gilt der 28. Februar 1949. An diesem Rosenmontag nahm der Bayrische Rundfunk, der damals gerade einen Monat alt war, den ersten VHF-FM-Rundfunksender Europas in München-Freimann in Betrieb. Er hatte 250 W Leistung auf 90,1 MHz, arbeitete mit 75 kHz Frequenzhub und übertrug das Tonfrequenzband zwischen 30 Hz und 15000 Hz. Entwickelt, gebaut und installiert wurde er von der Elektronikfirma Rohde & Schwarz. Was zunächst als Notlösung und Antwort auf den Kopenhagener Wellenplan, der Deutschland viele gute Mittel- und Langwellenfrequenzen nahm, gedacht war, wurde dank High-Fidelity durch Störungsunempfindlichkeit und große Frequenzbreite schnell zur allseits geschätzten „Welle der Freude".

1931 – Übertragung einer Hörfunkreportage aus Thüringen

Eine Hörfunkübertragung mit ultrakurzen Wellen hatte aber bereits 1931 in Thüringen stattgefunden. Dr. Lothar Rohde und Dr. Hermann Schwarz hoben nicht nur den regulären UKW-Hörfunkbetrieb 1949 in Bayern aus der Taufe, sondern waren auch die Väter dieser frühen UKW-Übertragung.
Am 26. März 1931 wurde mit Hilfe ultrakurzer Wellen eine Rundfunkreportage von Jena, aus dem Technisch-Physikalischen Institut, auf den Sender nach Leipzig übertragen. Nach derzeitigem Wissensstand handelt es sich dabei um die erste UKW-Rundfunkreportage der Welt. Die Zeitschrift „Funkbastler" hebt in ihrer Ausgabe 20/1931 die Vorteile der UKW-Übertragung hervor: „Störungen durch Maschinen, Lichtreklame usw. treten weniger hervor, atmosphärische Störungen machen sich überhaupt nicht bemerkbar. Störend wirken nur die Zündungen der Automotoren, jedoch nur in einem Umkreis von etwa 30 m. Gegenüber der Empfangsintensität sind sie jedoch meist von geringer Bedeutung. Werden im Auto die Zündkabel gepanzert verlegt, so treten überhaupt keine Störungen auf. Als Sender diente ein selbsterregter Gegentaktsender mit abgestimmten Gitter- und Anodenkreisen, der im Technisch-Physikalischen Institut Jena entwickelt worden war. Die Senderöhren waren RS 241 von Telefunken, die bei einem Anodenstrom von 100 mA und bei 220 Volt Anodenspannung rund 4 Watt Leistung bei Rundfunkübertragungen erbrachten. Durch die Abstimmung der Gitter- und Anodenseite wurde ein Auftreten starker

Funkschau 15/1931 – S. 114
Archiv: Hagen Pfau

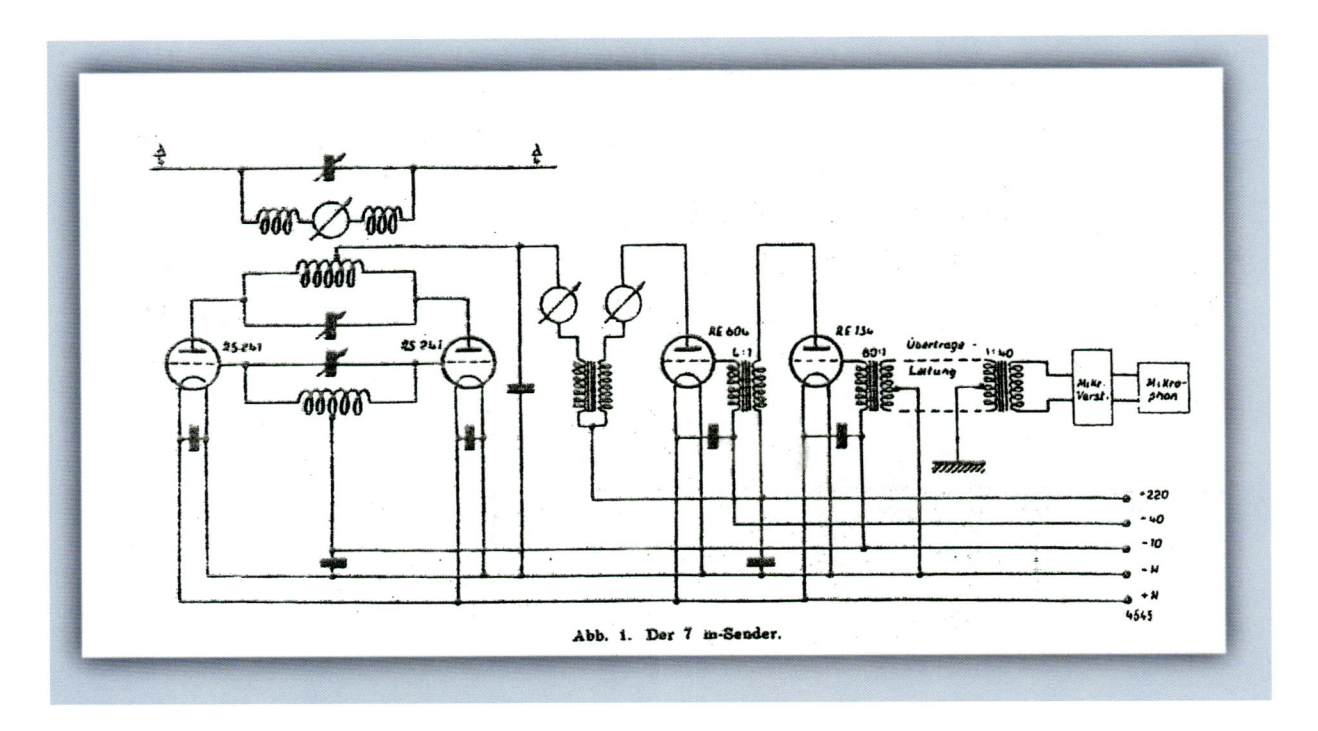

Der 7m-Sender

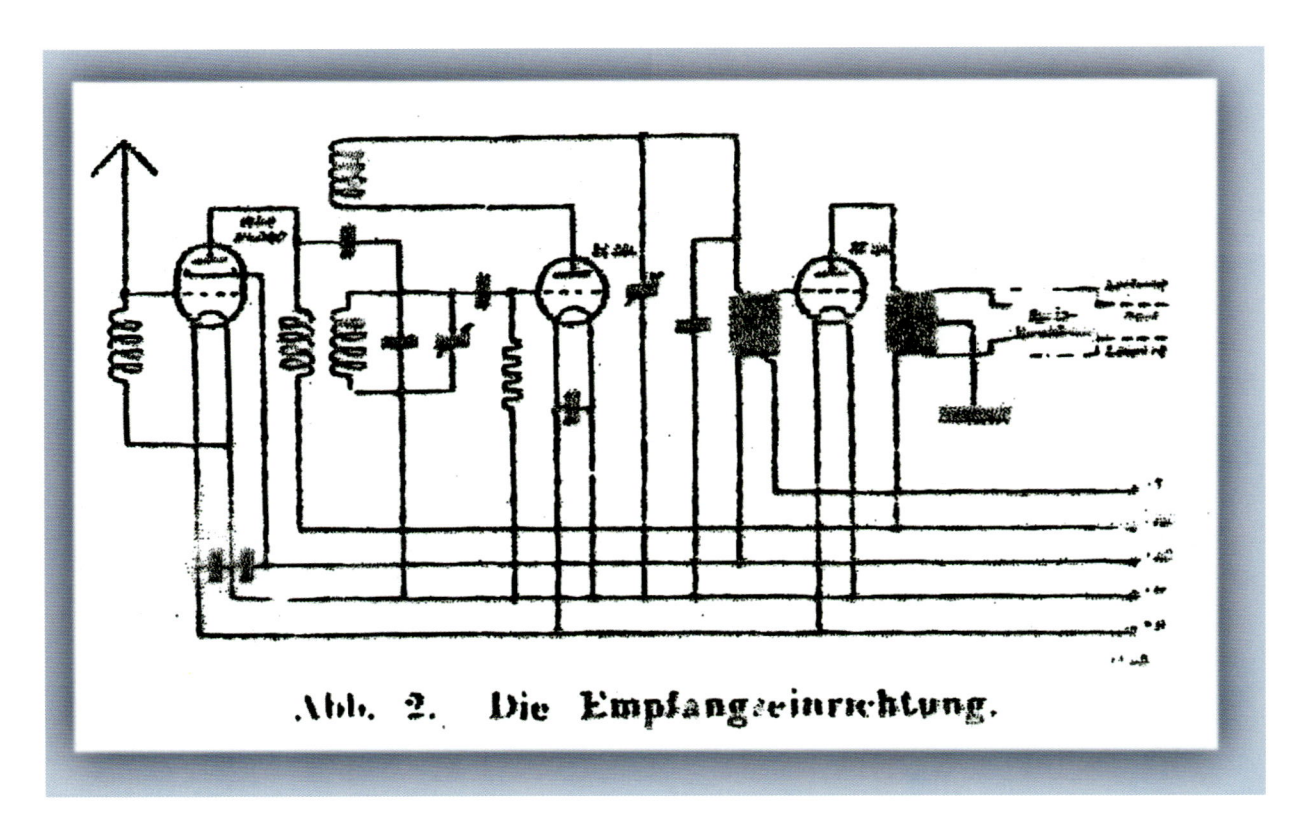

Die Empfangseinrichtung

Archiv: Stadtmuseum Weimar

Frequenzmodulationen verhindert. Die Antennen wurden bei dieser Schaltung etwas kürzer als die halbe Welle gewählt und in der Mitte symmetrisch durch wenige Windungen angekoppelt. Ein Parallelkondensator von wenigen Zentimetern Kapazität diente zur Feinabstimmung auf die Senderwelle.

Wurde die Anodenspannung einer Akkumulatorenbatterie entnommen, so war die Welle des Senders so konstant, daß ein guter Interferenzton auf der Empfangsseite gehalten werden konnte."

1. Stufe sowie Endstufe eines Ultrakurzwellensenders von 1931
Aus: „Rundfunk-Jahrbuch 1932"
Archiv: Hagen Pfau

Bild unten:
„Die Mirag" 45/1931 – Goethejahr/Programmvorschau
Archiv: Hagen Pfau

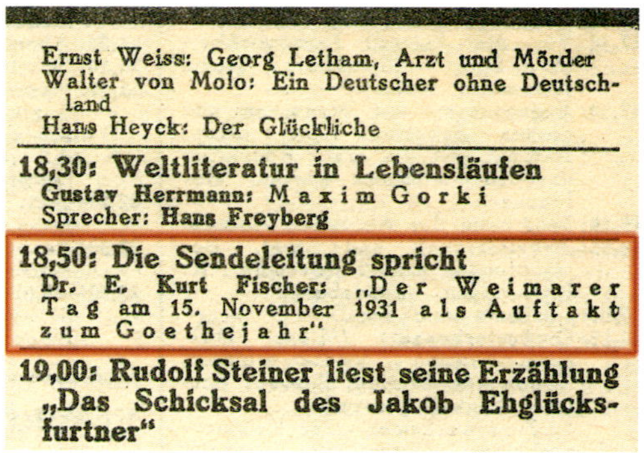

> Ernst Weiss: Georg Letham, Arzt und Mörder
> Walter von Molo: Ein Deutscher ohne Deutschland
> Hans Heyck: Der Glückliche
> **18,30: Weltliteratur in Lebensläufen**
> Gustav Herrmann: Maxim Gorki
> Sprecher: Hans Freyberg
> **18,50: Die Sendeleitung spricht**
> Dr. E. Kurt Fischer: „Der Weimarer Tag am 15. November 1931 als Auftakt zum Goethejahr"
> **19,00: Rudolf Steiner liest seine Erzählung „Das Schicksal des Jakob Ehglücksfurtner"**

Bild S. 20: „Die Mirag" 45/1931 -
Schloß Weimar
Bild S. 21: „Die Mirag" 46/1931 -
Programmvorschau
Archiv: Hagen Pfau

Die Mirag

MITTELDEUTSCHE RUNDFUNKZEITUNG
PROGRAMMWOCHE VOM 8. NOV. BIS 14. NOV.

WEIMAR

SONNTAG, 15. NOVEMBER 1931

Weimarer Tag

Leipzig – Dresden
Leipzig (1157 kHz, 2,3 kW) Welle 259,3
Dresden (941 kHz, 0,3 kW) Welle 318,8

6,30: Funkgymnastik
Arthur Holz, Berlin
Uebertragung von der Funkstunde A.-G., Berlin

7,00—8,00: Frühkonzert
Das Leipziger Sinfonieorchester
Dirigent: Hilmar Weber
1. Joseph Haydn: Ouvertüre zur Oper „Die verlassene Insel".
2. Johann Friedrich Fasch: Orchestersuite (G-dur):
   I. Einleitung;
   II. Andante;
   III. Allegro.
3. Franz Schubert: Divertissement à la Hongroise (B-dur), Werk 54.
4. Franz Liszt: Marsch der Kreuzritter aus dem Oratorium „Die Legende von der Heiligen Elisabeth".

8,15: Orgelkonzert
aus der Herderkirche in Weimar
Organist: Michael Schneider
1. Hans Brönner: Präludium (d-moll).
2. Hugo Hartung: „Herzliebster Jesu, was hast du verbrochen", Choralvorspiel.
3. Friedrich Martin: Improvisation und Fuge (c-moll).

8,50: „Weimar"
Ein Hörbild von Wolfram Brockmeier
(Ursendung)
Leitung: Hans Peter Schmiedel
Sprecher: Annemarie de Bruyn,*) Grete Doerpelkus, Tadzio Kondziella, Harry Langewisch
*) Vom Schauspielhaus in Leipzig

10,10: Morgenfeier
Mitwirkende:
Das Reitz-Quartett, Weimar:
 Professor Robert Reitz (I. Violine)
 Leny Reitz (II. Violine)
 Willy Müller-Crailsheim (Viola)
 Walter Schulz (Violoncello)
Grete Welz, Weimar (Sopran)
Professor Bruno Hinze-Reinhold, Weimar (Klavier)
Dr. Ernst Nobbe, Weimar (Klavierbegleitung)
Flügel: Blüthner
1. Maximilian Eberwein: Streichquartett (G-dur), Werk 1 Nr. 1:
   I. Allegro con brio;
   II. Andantino;
   III. Menuetto;
   IV. Allegretto.
2. Drei Goethe-Lieder für Sopran mit Klavierbegleitung:
   a) Ludwig van Beethoven: Mit einem gemalten Bande;
   b) Wenzel Tomaschek: Die Spröde;
   c) Wenzel Tomaschek: Die Bekehrte.
3. Louis Spohr: Quintett für Klavier, zwei Violinen, Viola und Violoncello (d-moll), Werk 130:
   I. Allegro moderato;
   II. Scherzo: Moderato;
   III. Adagio;
   IV. Finale: Vivace.

11,10: Groß-Kochberg, eine Goethe-Erinnerungsstätte
Eine Plauderei von Freiherrn von Stein

11,30: Reichssendung
Kantate zum 24. Sonntag nach Trinitatis
„Ach, wie flüchtig, ach, wie nichtig"
von Johann Sebastian Bach
(G. A. 26)
Das Städtische und Gewandhausorchester zu Leipzig
Der Thomanerchor
Solisten:
Leny Hertz, Leipzig (Sopran)
Elly Hartwig-Correns, Leipzig (Alt)
Max Meili, München (Tenor)
Kurt Wichmann, Halle (Baß)
Günther Ramin, Leipzig (Orgel)
Friedrich Sammler, Leipzig (Cembalo)
Professor Edgar Wollgandt, Leipzig (Violine)
Carl Bartuzat, Leipzig (Flöte)
Herbert Karger, Walter Heinze, Fritz Rein, Leipzig (Oboe)
Carl Schaefer, Leipzig (Fagott)
Leitung: Thomaskantor Dr. D. Karl Straube

12,00: Erinnerungen der Familie Vulpius an das Goethehaus
Sanitätsrat Dr. Walther Vulpius und Studienrat Dr. Wolfgang Vulpius, Weimar

12,30: Mittagskonzert
Die Weimarische Staatskapelle
Dirigent: Generalmusikdirektor Dr. Ernst Praetorius
Solist: Professor Hans Bassermann, Weimar (Violine)
1. Eugen d'Albert: Vorspiel zur Oper „Die Abreise".
2. Richard Strauß: Violinkonzert (d-moll), Werk 8:
   I. Allegro;
   II. Lento ma non troppo;
   III. Rondo prestissimo.
3. Wilhelm Berger: „Euphorion" Szene aus Goethes „Faust", II. Teil, für Soli, Chor und Orchester, Werk 74
Personen:
Phorkyas . . . . Xaver Mang
Euphorion . . . . Grete Welz
Helena . . . . . Elsbeth Bergmann-Reitz
Faust . . . . . . Karl Heerdegen
Mädchen . . . . Irmgard Gerz
Chor: Der Opernchor des Deutschen Nationaltheaters; der neue gemischte Chor und Mitglieder des Madrigalchores der Staatlichen Hochschule für Musik in Weimar

14,00: Wettervoraussage und Zeitangabe
Anschließend: Aktuelle Viertelstunde

14,15: Das literarische Weimar spricht
(Zugleich Übertragung auf den Deutschlandsender Königswusterhausen)
Am Mikrophon: Dr. h. c. Elisabeth Foerster-Nietzsche, Johannes Schlaf und Jakob Schaffner

15,00—15,40: Kammermusik
Mitwirkende:
Die Weimarer Bläservereinigung:
 Wilhelm Stock und Fritz Zimmermann (Oboe)
 Albert Weise und Hugo Dose (Klarinette)
 Willy Müller und Robert Mohnhaupt (Fagott)
 Georg Seidel und Hermann Kühmstedt (Horn)
Konzertmeister Walter Schulz, Weimar (Gambe)
Hellmuth Fellmer, Weimar (Klavierbegleitung)
Flügel: Blüthner
1. Wolfgang Amadeus Mozart: Cassation für Oboe, Klarinette, Fagott und Horn:
   I. Adagio — Allegro;
   II. Menuetto;
   III. Adagio;
   IV. Polacca;
   V. Presto.
2. Philipp Emanuel Bach: Sonate für Gambe und unbeziffertem Baß (D-dur):
   I. Adagio;
   II. Allegro con brio;
   III. Arioso.
3. Ludwig van Beethoven: Rondino für acht Bläser (Es-dur).

16,00: „1775—1931"
Vier Kapitel thüringer Theatergeschichte
Eine Hörfolge von Dr. Hans Malberg
(Ursendung)
Regie: Generalintendant Dr. Franz Ulbrich
I. Konrad Ekhof
Personen:
Hofjagdjunker . . . . Wilhelm Holtz
Ehrendame . . . . . Margarete Neff
Oberhofmarschall . . . . Bruno Böning
II. Die beiden von Weimar
Personen:
Luise . . . . Herma Clement
Amalia . . . . . . Margarete Schulze
Ein Leibhusar . . . . Herbert Gaertner
Schauspieler Voß . . Hermann Frick
Schauspieler Genast . . Wilhelm Holtz
Alter Weimaraner . . Bruno Böning
III. Die Meininger
Personen:
Karl Frenzel . . . . Herbert Gaertner
Paul Lindau . . . . Richard Salzmann
Garderobefrau Müller . . Gertrud Erland
IV. Tradition
Personen:
Der Minister . . . . Bernhard Vollmer
Der Generalintendant . . . Max Brock
Stimme des Festredners . . Bruno Böning

17,00: Chorkonzert
I. Der Weimarer Männergesangverein
Leitung: Hermann Saal
1. Johann Beschnitt: Ossian.
2. Heinrich Schrader: Es haben zwei Blümlein geblühet.
3. Franz Liszt: Burgen mit hohen Mauern, Soldatenchor aus Goethes „Faust".
II. Der Freundschafts-Sängerbund, Weimar
Leitung: Karl Fischer
4. Hermann Schein: Jelängerjelieber und Vergißmeinnicht.
5. Hans Leo Haßler: Herzlieb, zu dir allein. (Männerchor)

6. a) Aus argem Wahn (bearbeitet von Walter Rein).
   b) Wach' auf, meines Herzens Schöne (bearbeitet von Walter Rein).
7. Giovanni Gastoldi: Amor im Nachen. (Gemischte Chöre)

17,30: Dokumente sprechen zu uns
Am Mikrophon: Professor Dr. Hans Wahl (für das Goethe-Nationalmuseum und das Schiller-Archiv), Professor Dr. Eduard Scheidemantel (für das Schillerhaus), Max Oehler (für das Nietzsche-Archiv), Oberregierungsrat Karl Dittmar (für das Reger-Archiv), Professor Dr. Werner Deetjen (für die Dante- und Shakespeare-Sammlungen der Landesbibliothek), Professor Dr. Freiherr Hellmuth von Maltzahn (für das Liszt-Museum)

18,00: Konzert
Das Leipziger Sinfonieorchester
Dirigent: Dr. Ernst Nobbe, Weimar
1. Heinrich Marschner: Ouvertüre zur Oper „Der Templer und die Jüdin", Werk 60.
2. Carl Reinecke: Aus der Suite „Bilder aus dem Süden", Werk 86:
   a) Bolero;
   b) Mandolinenspieler.
3. Heinrich Zöllner: Serenade, Werk 95:
   I. Allegretto;
   II. Allegro con fuoco;
   III. Sehr langsam;
   IV. Presto.
4. Johannes Habert: Menuett, Werk 112.
5. Robert Volkmann: Erste Serenade (C-dur), Werk 62:
   I. Maestoso alla marcia;
   II. Poco più lento;
   III. Allegro vivo;
   IV. Andante sostenuto maestoso.
6. Franz Ries: Zwei Sätze aus der Suite Nr. 3, Werk 34:
   a) Gondoliera;
   b) Perpetuum mobile.
7. Wilhelm Kienzl: Aus der Suite in Tanzform, Werk 21:
   I. Fantasietanz;
   II. Steirisch;
   III. Deutscher Tanz;
   IV. Kleiner Walzer;
   V. Kanonisch;
   VI. Walzer.
8. Franz Schubert: Soirées de Vienne Nr. 6.
9. Johann Strauß: Myrthenblüten-Walzer.

19,30: Kunstpflege und Kunsterziehung in Weimar
Am Mikrophon: Dr. Heinrich Lilienfein, Professor Felix Mesek, Professor Dr. Dr. h. c. Paul Schultze-Naumburg, Generalintendant Dr. Franz Ulbrich, Weimar

20,00: „Der Barbier von Bagdad"
Komische Oper in 2 Aufzügen
Dichtung und Musik von Peter Cornelius
Uebertragung aus dem Deutschen Nationaltheater in Weimar
Musikalische Leitung: Generalmusikdirektor Dr. Ernst Praetorius
Regie: Alexander Spring
Personen:
Der Kalif . . . . Karl Heerdegen
Kadi Baba Mustapha . . . . Fritz Stauffert
Margiana, seine Tochter . . Grete Welz
Bostana . . . . Thea Wagner
Nureddin . . . . . . Heinrich Krögler
Abul Hassan Ali Ebn Bekar,
 Barbier . . . . Xaver Mang
Ein Sklave . . . . . . Max Kegel
Drei Muezzin . . . . . { Walter Mayer
                        { Max Kegel
                        { Fritz Kolbe
Dazwischen in der Pause: „Hinter den Kulissen des Nationaltheaters"
Am Mikrophon: Josef Krahé

22,00: Nachrichtendienst

22,30: Unterhaltungskonzert
Das Neue Orchester, Weimar
Dirigent: Arno Kühn
1. Stieberitz: Hoch Thüringen! Marsch.
2. Ignaz Lachner: Ouvertüre zur Kantate „Die vier Menschenalter".
3. Johann Strauß: Intermezzo aus der Operette „Tausend und eine Nacht".
4. Franz Hannemann: Deutscher Sang, Potpourri.
5. Carl Michael Ziehrer: In lauschiger Nacht, Walzer aus der Operette „Die Landstreicher".
6. Carl Teike: In Treue fest, Marsch.

23,15—24,00: Tanzmusik
Das Peters-Orchester, Weimar

Vom Kofferstudio zum Mediencenter

Rundfunk in Thüringen ab 1945 – der Beginn einer Tradition

Im Anfang war das Wort. In diesem Falle ein Machtwort. Kurz und bündig forderte der Chef der sowjetischen Militärverwaltung in Thüringen, Gardegeneralmajor Ivan Sosonowitsch Kolesnitschenko, vom Landespräsidenten Prof. Dr. Rudolf Paul: „Zum 1. Januar 1946 sind in der Stadt Weimar Rundfunkübertragungen örtlicher Sendungen und die Ausstrahlung Berliner und Weimarer Rundfunkprogramme durch örtliche Sendestellen zu organisieren."

Weimar war Landeshauptstadt Thüringens und wurde deshalb als Standort des Senders bestimmt.

Beauftragt mit der Organisation wurde die Abteilung Volksbildung der Landesregierung, nach heutigem Verständnis das Kultusministerium. Am 21. Dezember 1945 war das gesamte „Rundfunkwesen" der sowjetischen Besatzungszone der Deutschen Zentralverwaltung für Volksbildung unterstellt worden. Verwunderlich ist das nicht, denn ein wichtiges Ziel der sowjetischen Besatzer im Verein mit den von ihnen gestützten ostdeutschen Landesregierungen war die Erziehung, wenn nicht sogar Umerziehung, der deutschen Bevölkerung in ihrem Machtbereich.

Apropos Macht: „Rundfunkübertragungen" hatten neben dem erzieherischen Aspekt auch eine wichtige Machtfunktion. Das Massenmedium Hörfunk diente gerade in den Zeiten des Kalten Krieges als wichtiges Medium zur Verbreitung von Ideologie, von parteiischer Beeinflussung der Bevölkerung, an der sich seit den fünfziger Jahren auch das Fernsehen beteiligte. Im Sinne des Machterhalts ist auch Punkt 5 des Befehls 1388 der sowjetischen Militärverwaltung zu verstehen: „Gewährleistung der Sicherheitsbewachung der Rundfunkeinrichtungen durch Polizeiposten".

Diese Anordnung war rund 46 Jahre wirksam. Bis in die Zeit nach der Wende, noch Anfang der neunziger Jahre, wachten Volkspolizisten in Uniform, zuletzt in einem Gehäuse aus Glas und Holz, darüber, wer das Gebäude betreten durfte und wer nicht. Die Außenmauern des Grundstückes Humboldtstraße 36a waren mit Stacheldraht gegen „konterrevolutionäre Elemente" und den „Klassenfeind" gesichert.

Mikrofone galt es als Multiplikatoren der Macht in ganz besonderer Weise zu schützen, sie den Machthabern allein zu sichern war den Aufmarsch bewaffneter Volkspolizisten wert, denn die Bewacher trugen eine Pistole am Gürtel, zuletzt des Typs „Makarow".

Technikraum des Senders Weimar
Foto: Stadtarchiv Weimar

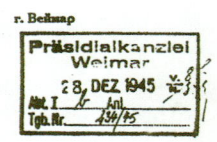

Befehl 1388 der Sowjetischen Militärverwaltung zur Einrichtung von Rundfunkübertragungen aus Weimar
Archiv: Dr. Unger

Das Behelfsstudio des Großdeutschen Rundfunks in Veilchenbrunn

Ganz überraschend kann der offizielle Befehl von Kolesnitschenko im Dezember nicht gekommen sein. Denn wie eine Publikation damals berichtete, wurde Studiotechnik, die nach Oberhof ausgelagert worden war, schon frühzeitig „für Weimar sichergestellt und mit ihrem Aufbau in die vorhandenen Anlagen begonnen".[1] Zu dieser ausgelagerten Technik gibt es eine interessante Vorgeschichte:

Ein ehemaliger Oberingenieur der Reichsrundfunk-Gesellschaft, Johannes Heckmann, erinnerte sich später, was es mit der Installation von Studiotechnik im Thüringer Wald auf sich hatte. Er erhielt etwa Mitte März 1945 den Befehl, im Saal der unweit von Oberhof gelegenen Gaststätte Veilchenbrunn ein Behelfsstudio für den Großdeutschen Rundfunk einzurichten. Die dafür notwendigen Geräte waren schnell zusammengestellt: zwei Magnettongeräte, zwei Aufsprech- und Wiedergabeverstärker, zwei Plattenabspielgeräte, dazu Schellackplatten, bespielte und unbespielte Magnettonbänder in ausreichender Menge. Als Sendeleiter war der Chef-Kommentator des Großdeutschen Rundfunks, Hans Fritsche, vorgesehen. Als Johannes Heckmann in Veilchenbrunn ankam, nahm er Fritsche beiseite und bat ihn, ihm doch einmal ein ungeschminktes Bild von der militärischen Lage zu geben. Fritsche gab die gewünschte Auskunft, und Heckmann fand seine Ansicht vollauf bestätigt, daß es keinen Zweck mehr habe, das vorgesehene Studio einzurichten, da die militärische Lage aussichtslos sei. Es war gerade Mittagszeit, und der Wirt schaltete den hinter dem Tresen befindlichen Rundfunkapparat ein, und aus dem Lautsprecher war ein Kommentar von Hans Fritsche zu hören, der geradezu das Gegenteil von dem enthielt, was er vorher gesagt hatte. Heckmann sah Fritsche wortlos und fragend an. Fritsche stand darauf ebenso wortlos auf, ging zu dem Rundfunkempfänger und schaltete ihn aus.

Einrichtung eines Studios im Weimarer Hotel „Elephant"

Die Arbeiten zur Umgestaltung der ehemaligen „Gaufunkstelle" im Hotel „Elephant" begannen im Oktober 1945. Die in Veilchenbrunn ausgelagerten Geräte wurden nach Weimar transportiert und zügig in das Studio eingebaut. Schon nach einigen Tagen erfolgten die ersten Probesendungen. Hinter der Formulierung vom „Einbau in die vorhandenen Anlagen" verbarg sich eine Besonderheit des Beginns. Denn gemeint war ein spezieller Bereich im Weimarer Traditionshotel „Elephant".

Das Traditionshotel „Elephant"

Das 1561 erstmals erwähnte Haus am Markt ist seit 1696 Gasthof und damit die älteste Herberge der Stadt. In ihr übernachteten vor allem Händler und Kaufleute, in der klassischen Zeit Weimars stieg hier vor allem ab, wer Goethe suchte oder aufsuchte. Das Gästebuch verzeichnet die Namen Jakob Michael Reinhold Lenz, Friedrich Maximilian Klinger, Ludwig Börne, Felix Mendelssohn Bartholdy, Franz Liszt, Richard Wagner und auch Franz Grillparzer, der das Hotel als „Vorzimmer zu Weimars lebender Walhalla" bezeichnete. Thomas Mann hat dem Haus im Eingangskapitel seines Romans „Lotte in Weimar" ein bleibendes Denkmal gesetzt.
Auch bei Adolf Hitler erfreute sich das Hotel „Elephant" kontinuierlicher Beliebtheit. Das Zimmer 100 im ersten Stock, eine gediegen eingerichtete Suite, war aus diesem Grund für Adolf Hitler reserviert worden und wurde für die bloße Möglichkeit eines Besuches freigehalten. Nach dem 2. Weltkrieg befand sich das Haus in einem schlimmen Zustand, war aber weniger in Mitleidenschaft gezogen als andere Weimarer Gebäude.
„Das jetzige Inter-Hotel ‚Elephant' in Weimar", heißt es 1975 in den Erinnerungen eines Zeitzeugen, „dessen besteingerichtete Appartements während der ganzen Zeit der Nazi-

Weimarer Marktplatz mit dem traditionsreichen Hotel Elephant in den 50er Jahren
Foto: Archiv Dr. Unger

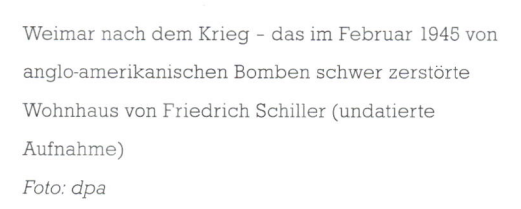

Weimar nach dem Krieg – das im Februar 1945 von anglo-amerikanischen Bomben schwer zerstörte Wohnhaus von Friedrich Schiller (undatierte Aufnahme)
Foto: dpa

Tyrannei zur alleinigen Verfügung des ‚Gröfaz' (des größten Feldherrn aller Zeiten) gehalten werden mußten, war in den letzten Monaten des 2. Weltkrieges von anglo-amerikanischen Fliegerbomben schwer zerstört worden. Wie bei den noch schlimmer zerbombten Gebäuden des Nationaltheaters, den Goethe- und Schiller-Gedenkstätten sowie anderen historisch wertvollen Häusern begannen im Sommer 1945 auch im Hotel ‚Elephant' die Aufräumungsarbeiten".[3]

Zur Ausstattung des Zimmers 100 gehörten auch technische Einrichtungen, die es Hitler ermöglichen sollten, Rundfunkansprachen zu halten. Diese „vorhandenen Anlagen" machte man sich für den Neubeginn zunutze und ergänzte sie. „Die eigentliche Sende-Apparatur bekam im ehemaligen Baderaum des ‚Führer-Appartements' ihren Platz."[4]

Erste Rundfunk-Ausstrahlung von Thüringer Boden aus

Um senden zu können, waren neben der Studioeinrichtung auch technische Einrichtungen nötig, die das Programm ausstrahlten. Von der Oberpostdirektion war dann Mitte September 1945 der Auftrag für die Herstellung eines 0,3 kW-Rundfunksenders an die Erfurter Firma Telefunken (dem späteren VEB Funkwerk bzw. Kombinat Mikroelektronik) erteilt worden.

Als Aufstellungsort für den Strahler wurde das Gebäude der ehemaligen Polizeifunkstelle in der Nähe des Schlosses Belvedere ausgewählt. Konstrukteur des Strahlers war der Erfurter Ingenieur Hermann Stier. Am 15. November 1945 wurde der Strahler in Belvedere installiert. Zum ersten Mal in der Geschichte des deutschen Rundfunks wurde von Thüringer Boden aus ein Programm technisch ausgestrahlt, zunächst das des Berliner Rundfunks.

Heute hat die Suite 100 des Hotels „Elephant" wieder eine besondere Bestimmung. Im Dezember 1998 wurden die Räume von Rockstar Udo Lindenberg in Besitz genommen. Lindenberg, der Weimar oft und regelmäßig auch außerhalb seiner Konzerttourneen besucht, hat die Suite mit eigenen Bildern, sogenannten „Likörellen", ausgestattet. Mit farbigen alkoholischen Getränken malt er Bilder, die an Aquarelle erinnern. Neben der hochprozentigen Kunst ist in der Udo-Lindenberg-Suite auch jene Schalmei zu sehen, die ihm Erich Honekker einst als Gegengeschenk für eine Lederjacke überreichte.

Udo Lindenberg am 29. November 1998 bei der Einweihung der nach ihm benannten Suite im Hotel Elephant Weimar
Fotos: Hotel Elephant

1 „Hier sollte einmal der Führer sprechen", in: „Tag der Bilanz. Ein Jahr Aufbau in Thüringen", Publikation vom 30. Juni 1946
2 Günther Kowalke, Betriebsgeschichte der Studiotechnik Rundfunk. Entwurf, unveröffentlicht, Berlin 1967, S. 125 f.
3 Heinrich Hoffmann, Sender Weimar meldete sich aus dem zerbombten Hitler-Nest, in: Beiträge zur Geschichte des Rundfunks, Berlin, Nr. 9/1975, S. 86
4 ebenda, S. 86

Vom Kofferstudio zum Mediencenter

Vom Kofferstudio zum Mediencenter
„Der Weimarer Rundfunk sendet"

Als eine Zeitung den Sendestart meldete, war damit ein Konzert aus der Weimarhalle gemeint.[1] Diese Stunde verlangte Würde: Für einen angemessenen Neuanfang war die Nobeletage des Hotels „Elephant" zwar eine gute Kulisse, aber eine schlichte Ansprache war den Programmmachern, die sich der kulturellen Traditionen Weimars bewußt waren, zu wenig.

Bild links: Adolf Hennecke bei einem Rundfunkvortrag Ende der 40er Jahre zur Aktivistenbewegung in der DDR
Foto: dpa

Vorfristiger Sendestart am 1. Dezember 1945

Am 1. Dezember 1945 nahm die Weimarer „Außenstelle des Berliner Rundfunks" ihren Sendebetrieb auf. Bereits am 16. November 1945 hatte in der Weimarhalle das „Erste Symphoniekonzert" der Staatskapelle unter Leitung von Prof. Hermann Abendroth stattgefunden, dessen Programmfolge nach den Erinnerungen des Musikers Arthur Hermasch, Korrepetitor am Deutschen Nationaltheater und Mitte 1945 zum „Sprecher der Unterhaltungsmusik" beim Weimarer Rundfunk im Aufbau avanciert, auch das Eröffnungsprogramm für den Sendestart des „Landessenders Weimar" bestimmte.

Neben Versuchssendungen über den Strahler Belvedere aus dem Hotel „Elephant" hatte es bereits im November 1945 auch Sendeversuche aus der Weimarhalle gegeben.

Auf dem Programm des „Ersten Symphoniekonzertes" standen die Suite Nr. 3 BWV 1068 von Johann Sebastian Bach, die 1. Sinfonie von Ludwig van Beethoven und die 1. Sinfonie von Johannes Brahms. Der Dirigent Hermann Abendroth, von 1934 bis 1945 Gewandhauskapellmeister und Professor für Dirigieren, war berühmt als Beethoven-, Brahms- und Bruck-

Zeitungsartikel aus der „Täglichen Rundschau" vom 15. Dezember 1945
Archiv: MDR

Briefkopf der Außenstelle Thüringischer Landessender Weimar
Archiv: MDR

Hermann Abendroth dirigiert die Staatskapelle Weimar
Foto: Deutsches Nationaltheater

Programmzettel des Ersten Symphoniekonzertes der Weimarischen Staatskapelle vom 16.11.1945
Archiv: Deutsches Nationaltheater

Deutsches Nationaltheater Weimar
Weimarhalle

Freitag, 16. November 1945, 19 Uhr

Erstes
Symphoniekonzert
der Weimarischen Staatskapelle
Leitung: Generalmusikdirektor Prof. **Hermann Abendroth**

Joh. Seb. Bach . . . Suite Nr. 3 in D-dur
  Ouverture
  Air
  Gavotte I
  Gavotte II
  Bourrée
  Gigue
Ludwig van Beethoven Symphonie Nr. 1 in C-dur
  Adagio molto — Allegro con brio
  Andante cantabile con moto
  Menuetto: Allegro molto e vivace
  Finale: Adagio, Allegro molto e vivace
  — PAUSE —
Johannes Brahms . . . Symphonie Nr. 1 in c-moll, op. 68
  Un poco sostenuto — Allegro
  Andante sostenuto
  Un poco Allegretto grazioso
  Adagio — Allegro non troppo, ma con brio

ner-Dirigent. 1929 leitete er die deutsche Erstaufführung von Dmitri Schostakowitschs 1. Sinfonie, Gastspielreisen hatten ihn in fast alle Länder Europas geführt. Sein Name ist nicht nur mit musikalischen Spitzenleistungen verbunden, sondern auch mit dem Wiederaufbau des Musiklebens in Weimar nach dem Ende des Zweiten Weltkriegs. Wie schon in Leipzig war er als Orchesterchef und als Hochschullehrer tätig. Von 1945 bis 1956 war Hermann Abendroth musikalischer Oberleiter der Weimarischen Staatskapelle und Professor für Dirigieren an der Musikhochschule. Daneben war er seit 1949 Chefdirigent des Leipziger und seit 1953 des Berliner Rundfunksinfonieorchesters. Prof. Hermann Abendroth wurde 1953 Ehrenbürger Weimars und Ehrensenator der Universität Jena.

Rundfunk als Aufklärungs- und Erziehungsinstrument der Siegermacht

Aber nicht nur Musik war am Eröffnungstag zu hören, sondern auch eine Moralpredigt. Ganz im Sinne der Alliierten, die 1945 Richtlinien für die Medienpolitik in der sowjetischen Besatzungszone festgelegt hatten: „Der Rundfunk sollte beitragen zur ‚Aufklärung über die Kriegsschuld Deutschlands', ‚Mobilisierung der Massen zur restlosen Vernichtung des Nazismus und Militarismus', ‚Beginn einer planmäßigen grundlegenden Umerziehung des deutschen Volkes im Geiste friedlicher Arbeit und wirklicher Demokratie'."[2] Die „wirkliche Demokratie" war natürlich sowjetischer Prägung, oder, wie eine Zeitungsmeldung es zusammenfaßte: „Man werde hinausgehen in das Thüringer Land, überall dorthin, wo politische Fragen behandelt werden, wo sich kulturelles Leben regt, um die besten Beispiele im Magnetophon einzufangen und über den Sender zu geben."[3] Das

„Einfangen der besten Beispiele" war eine beliebte Erziehungsmethode, die am 13. Oktober 1948 in der 387%igen Erfüllung der Norm durch den sächsischen Bergmann Adolf Hennecke gipfelte, obwohl bei dieser Höchstleistung nicht alles mit rechten Dingen zuging.

Die „Aktivisten-Bewegung" der DDR war geboren. Das Vorbild kam natürlich aus der Sowjetunion, wo die „Stachanow-Methode" schon länger im Umlauf war. Dem Rundfunk der DDR war es von Anfang an beschieden, solche „Beispiele" zu finden und zu verbreiten.

„Die kleine Stunde des Senders Weimar" und „Thüringer Kulturschau"

Die erste Sendereihe des jungen Programms war die „Kleine Stunde des Senders Weimar", die auch von anderen mitteldeutschen Sendern übernommen wurde. Die einstündige Wortsendung hatte damals auf fünfunddreißig Schreibmaschinenseiten Platz. Die deutschen Genossen waren auf ihre Weise dem „Befehl 1388" der sowjetischen Militärverwaltung gefolgt: eifrig. Denn im Befehl war der Sendebeginn für den 1. Januar 1946 festgelegt worden, tatsächlich aber wurde bereits am 1. Dezember 1945 mit der regelmäßigen Ausstrahlung begonnen. Unter den damaligen weitgehend provisorischen Voraussetzungen sicher kein leichtes Unterfangen. Doch schon bald hatten sich die Bedingungen so weit stabilisiert, daß man daranging, sich neben der „Erziehung" auch der Kultur zu widmen. Im Februar 1946 gab es die erste entsprechende Sendung, die „Thüringer Kulturschau", der im Laufe der Jahrzehnte Kulturmagazine wie „Weimarer Notizen", „Meinung repräsentativ", „Meinung und Gespräch", „Weimarer Abend" und „Marlene" folgen sollten. In der Thüringer Kulturschau dominierten zunächst Konzertübertragungen, aber auch Künstler wurden interviewt oder gaben direkt vor den Studiomikrofonen Proben ihres Könnens.[4] Es wurde ebenfalls über eine Kritikertagung und die Spielpläne der Thüringer Bühnen berichtet.

Noch Jahrzehnte später war gerade der Kulturanspruch der ersten Sendestunden hörbar: die Melodie des von Heinrich Werner vertonten Goethe-Gedichts „Heidenröslein" wurde in einer speziellen Fassung zur Senderkennung. Aufgenommen worden war die Melodie der Titelzeile „Sah ein Knab' ein Röslein stehn" zunächst mit einem Vibraphon, um 1960 wurde von Musikredakteur Harald Sondermann eine Neufassung auf einer Hammond-Orgel eingespielt. Zum Sendebeginn und als Pausenzeichen war ab 1. August 1950 die Vertonung der Goethe-Zeile zu hören, bis am 1. Juli 1991 der „Thüringer Rundfunk" mit seinem Programm „Thüringen EINS" den Sender Weimar ablöste.

[1] Der „Weimarer Rundfunk sendet", in: „Tägliche Rundschau" vom 15. Dezember 1945
[2] 75 Jahre Radio in Deutschland, in: CD-ROM des MDR, Abschnitte „Medienpolitik in der sowjetischen Besatzungszone", Leipzig 1998
[3] „Der Weimarer Rundfunk sendet", in: „Tägliche Rundschau" vom 15. Dezember 1945
[4] „Hier sollte einmal der Führer sprechen", in: „Tag der Bilanz. Ein Jahr Aufbau in Thüringen", Publikation vom 30. Juni 1946

Vom Kofferstudio zum Mediencenter

Vom Kofferstudio zum Mediencenter
Neubeginn auf dem Berg – Umzug in die Nietzsche-Gedächtnishalle in Weimar

Bild links:
Land-Kraft-Postwagen des Landessenders
Weimar als Übertragungswagen
Foto: MDR

Das Studio in der Suite des Hotels „Elephant" hatte schon bald ausgedient. Ohnehin waren die Räume nur auf Zeit zur Verfügung gestellt und provisorisch für den Sendebetrieb ausgerüstet worden. Man suchte nach einem neuen Funkhaus, und man fand die im Süden Weimars hoch über der Stadt gelegene, halbfertige Nietzsche-Gedächtnishalle in der Luisenstraße 36, der heutigen Humboldtstraße 36a. Im Nachbarhaus, der Villa Silberblick, war der Philosoph Friedrich Nietzsche am 25. August 1900 gestorben. Seit dem Umzug aus Naumburg am 2. Februar 1894 residierte das von der Schwester des Philosophen, Elisabeth Förster-Nietzsche, betreute Archiv in Weimar, zunächst in der Wörthstraße (heute Thomas-Müntzer-Straße), ab 1897 in einem eigenen Gebäude, eben in der Villa Silberblick, Luisenstraße 36.

Die Baugeschichte der Nietzsche-Gedächtnishalle

Mit dem Bau einer Nietzsche-Gedächtnishalle war Mitte 1937 begonnen worden, aber die Pläne für die Errichtung einer Erinnerungs- und Huldigungsstätte gehen bis zur Jahrhundertwende, in die Zeit kurz nach Nietzsches Tod, zurück. Aus dieser Zeit stammt die Forderung, Nietzsche ein architektonisches Denkmal in Weimar zu setzen.
1911 wurden diese Vorstellungen zum ersten Mal konkret, und sie sind verbunden mit dem Namen Harry Graf Kessler. Der Direktor des Großherzoglichen Museums für Kunst und Kunstgewerbe in Weimar hatte als Mitglied eines internationalen Komitees ganz eigene Vorstellungen für eine Nietzsche-Gedächtnisstätte. Er schrieb im April 1911 an Hugo von Hofmannsthal, er wolle „an einer Berglehne, die eine Aussicht über Weimar bietet, eine Art Hain schaffen, durch den eine ‚Feststraße', eine feierliche Allee, hinaufführt zu einer Art Tempel. Vor diesem Tempel auf einer Terrasse, die den Blick auf Weimar und das Weimarer Tal bietet, soll Maillol in einer überlebensgroßen Jünglingsfigur das Apollinische Prinzip verkörpern. Hinter dem Tempel denke ich mir ein Stadion, in dem jährlich Fußrennen, Turnspiele, Wettkämpfe jeder Art, kurz die Schönheit und Kraft des Körpers, die Nietzsche als erster moderner Philosoph wieder mit den höchsten Dingen in Verbindung gebracht hat, sich offenbaren können."[1]
Doch der erste Entwurf des belgischen Architekten Henry van de Velde gefiel nicht.

Nietzsche-Gedächtnishalle
Foto: MDR

Henry van de Velde hatte bereits von 1902 bis 1903 die „Villa Silberblick", also das Nietzsche-Archiv, ausgebaut, die nunmehrigen Planungen für das Nachbargrundstück zerschlugen sich 1914 durch den Ausbruch des Ersten Weltkrieges. Doch damit waren die Pläne für einen Nietzsche-Gedächtnisort nicht für alle Zeiten zu den Akten gelegt worden.

Das herzliche Verhältnis der Philosophen-Schwester Elisabeth Förster-Nietzsche zu Adolf Hitler führte zu einer Wiederaufnahme des Vorhabens. Vorausgegangen war eine jahrzehntelange Umdeutung des Werkes von Friedrich Nietzsche. Aus dem überzeugten Europäer und Philosophen, der die Idee des „Übermenschen" hervorbrachte und ihn allerdings als „Typus von höchster Wohlgerathenheit"[2] beschrieb, war durch das emsige Wirken seiner Schwester nur noch der Schöpfer des „Übermenschen" übriggeblieben. Eines Übermenschen im Sinne von Elisabeth Förster-Nietzsche, verstanden nunmehr als angriffslustiger, kriegslüsterner Deutscher an der Spitze einer nationaldeutschen Bewegung.

Der Kulturphilosoph Walter Benjamin verurteilte schon 1930 diese Tendenz des Nietzsche-Archivs in seinem Aufsatz „Nietzsche und das Archiv seiner Schwester": „Denn es sind Abgründe, die ihn auf immer vom Geist der Betriebsamkeit und des Philistertums trennen, der im Nietzsche-Archiv der herrschende ist."[3]

Der Erste Weltkrieg diente dem Ausland, besonders den Engländern, als Beleg für die Gefährlichkeit Nietzsches. Im Inland schloß sich vor allem die Sozialdemokratie den Nietzsche-Gegnern an.

Die Entstellung der humanistischen Erneuerungsideen lenkte Jahrzehnte später auch das Interesse der Nationalsozialisten auf die „Erbepflege" in Sachen Friedrich Nietzsche. Die Pflugscharen seiner Ideen wurden zu Schwertern, die markante Begrifflichkeit Nietzsches kam seinen Schändern sehr entgegen.

„Übermensch" und „blonde Bestie" wurden zu Knüppeln, deren Schläge den Philosophen zuerst trafen; sein Werk wurde zertrümmert, fragmentarisiert und zum Handwerkszeug nationalsozialistischer Eroberungs-Philosophie. Mit fast neunzig Jahren wurde Elisabeth Förster-Nietzsche alt genug, um den Nationalsozialisten direkt in die Hände zu arbeiten. Adolf Hitler besuchte die „Villa Silberblick" mehrfach, und von ihm stammt auch die Idee einer Nietzsche-Gedächtnishalle, für die er 1934 einen stattlichen Betrag zur Verfügung stellte. Die Rede ist von 50.000 Reichsmark, ergänzt durch jeweils 20.000 Mark vom Land Thüringen für die Jahre 1936, 1937 und 1938. Auch Gelder der Stadt Weimar und private Beiträge sollten in das Projekt fließen.

Beauftragt wurde das Büro von Prof. Dr. Paul Schultze-Naumburg. Der 1869 geborene Architekt war einer der Hauptgegner der Klassischen Modernen Kunst und hatte 1928 die Streitschrift „Kunst und Rasse" veröffentlicht. Es wundert nicht, daß er auch als „Fachberater" für die Aktion „Entartete Kunst" tätig wurde.

Während Elisabeth Förster-Nietzsche für einen Zweckbau mit Arbeitsmöglichkeiten plädierte, wollten die Nationalsozialisten einen Prunkbau schaffen. Der erste Entwurf von Paul Schultze-Naumburg – im Sinne der Nietzsche-Schwester konzipiert – wurde abgelehnt. Schultze-Naumburg hatte eine direkte bauliche Verbindung von Nietzsche-Archiv und Neubau vorgesehen. Die Neuplanungen wurden nun auch auf das Nachbargrundstück ausgedehnt, und am 19. Juli 1937 wurde um Baugenehmigung nachgesucht für die

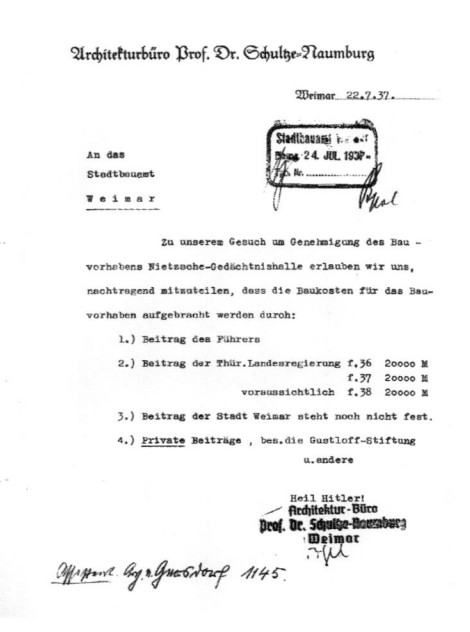

Schreiben mit der Aufstellung der geplanten Baukosten für die Nietzsche-Gedächtnishalle durch den Architekten Paul Schultze-Naumburg
Archiv: Bauaufsichtsamt Weimar

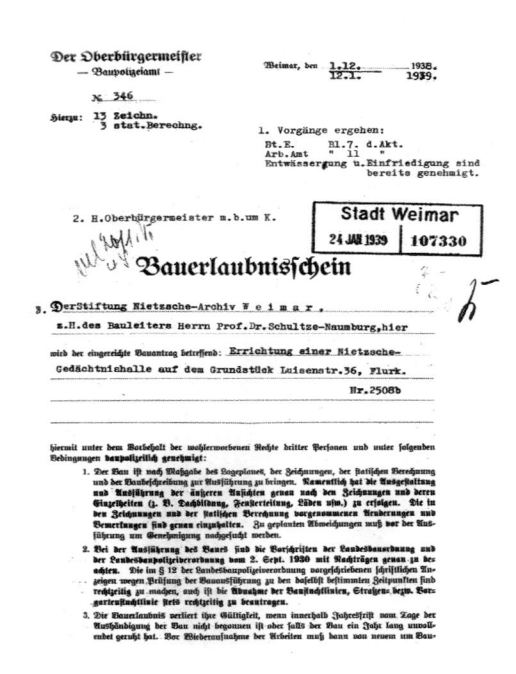

Bauerlaubnisschein für den Bau der Nietzsche-Gedächtnishalle
Archiv: Bauaufsichtsamt Weimar

„Erbauung einer Nietzsche-Gedächtnishalle für die Nietzsche-Stiftung auf dem Grundstück Flurk. Nr. 2508 an der Luisenstraße 36".

Vorgesehen war ein dreiflügliges Bürogebäude mit einer Bibliothek und Arbeitsräumen. Empfangen wird der Besucher von einem langen Gang. Wie in einer Galerie hängen oder stehen dort Bildnisse und Plastiken großer Denker und Künstler. Es war vorgesehen, unter anderem folgende Büsten im Wandelgang aufzustellen: Platon, Cäsar, Epikur, Sokrates, Thukydides, Horaz, Sophokles, Macchiavelli, Pascal, Montaigne, Mozart, Goethe, Napoleon, Wagner, Stendhal und Schopenhauer.

Dagegen wird die Fassade betont schlicht gehalten. „Die Bauanlage deutet die in ihren Räumen geborgenen Werte an, ohne sie auszusprechen", heißt es in der Baubeschreibung von Schultze-Naumburg. Begonnen wurde damit, wie gesagt, 1937, obwohl die Bauerlaubnis offiziell erst mit Datum vom 1. Dezember 1938 erteilt wurde. Das Richtfest wurde am 3. August 1938 gefeiert, Ehrengast war Reichspropagandaminister Joseph Goebbels. Die „Weimarer Zeitung" berichtete davon auf einer ganzen Seite.

Der Rohbau wurde laut Bauunterlagen am 29. März 1939 abgenommen, die Rohbaukosten bezifferte Schultze-Naumburg mit rund 120.000 Reichsmark. Obwohl Adolf Hitler noch einmal 100.000 Mark bewilligte, war das Geld knapp. Dennoch gingen die Arbeiten weiter, die Inneneinrichtung konnte fast fertiggestellt werden.

Dionysos
Foto: Stiftung Weimarer Klassik

Der Duce schenkt eine Dionysos-Statue

Eine interessante Episode der Baugeschichte ist das Schicksal einer Dionysos-Statue, die ihren Platz in der Apsis der Nietzsche-Gedächtnishalle finden sollte.

Einem Vorstandsmitglied der Stiftung Nietzsche-Archiv, Günter Lutz, gelang es, diese Statue aus Italien nach Weimar zu vermitteln. Mussolini persönlich hatte das Kunstwerk aus dem Römischen Thermenmuseum zur Verfügung gestellt. Bei der Statue des Dionysos handelte es sich um eine Kopie, deren Überstellung nach Deutschland fast gescheitert wäre, denn durch die Kriegsereignisse und den Zusammenbruch Italiens schien ein Transport nach Deutschland unmöglich. Doch der Militäroberbefehlshaber in Italien, Feldmarschall Kesselring, kümmerte sich persönlich um diese Angelegenheit.

Am 29. Januar 1944 – inmitten eines Bombenangriffs – traf die Nachbildung des antiken Kunstwerkes in Weimar ein. Der Versuch, die Statue in der Apsis aufzustellen, scheiterte. Die Figur war zu groß und paßte nicht in den vorgesehenen Raum. Wie der Nationalsozialismus viel zu klein war, um dem Werk Nietzsches auch nur annähernd gerecht zu werden.[4]

Schon 1941 heißt es in einem Brief, der sich in den Bauunterlagen findet: „Die Bauarbeiten zur Fertigstellung der Nietzsche-Gedächtnishalle ruhen, und in absehbarer Zeit ist mit der Fertigstellung nicht zu rechnen."

Dabei sollte es bleiben. Der fortschreitende Krieg tat sein Übriges.

Bild rechts: Land-Kraft-Postwagen (s. a. S. 24)
Foto: MDR

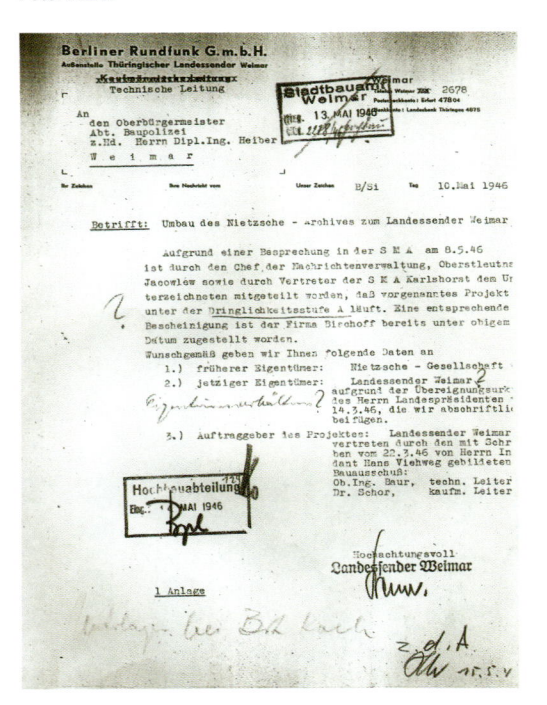

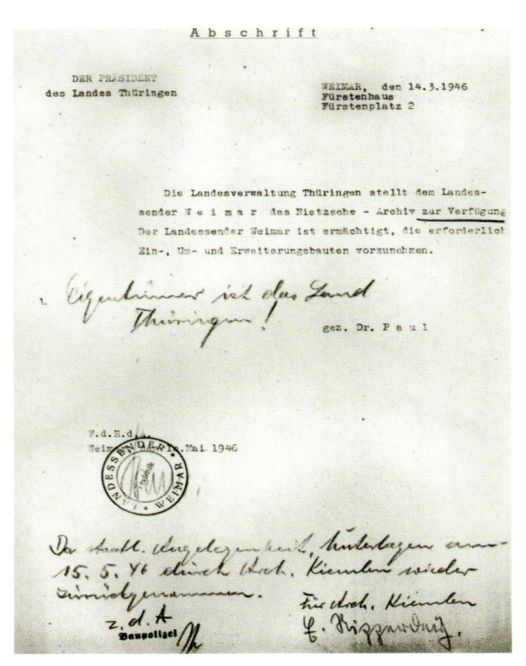

Genehmigung des Thüringer Landespräsidenten Rudolf Paul zum Ausbau der Nietzsche-Gedächtnishalle als Funkhaus und Schreiben der Berliner Rundfunk GmbH vom Mai 1946 zu den Umbauplänen
Archiv: Bauaufsichtsamt Weimar

Endstation für das Musikarchiv des Reichssenders Breslau

Die halbfertige Nietzsche-Gedächtnishalle wurde als Lagerraum genutzt, der unter anderem das Musikarchiv des Reichssenders Breslau beherbergte, das vor der heranrückenden Roten Armee nach Weimar in Sicherheit gebracht worden war. Der Musiker Arthur Hermasch, „Sprecher der Unterhaltungsmusik" beim Weimarer Rundfunk, erinnerte sich noch fünfundfünfzig Jahre später genau an diese Einzelheit: „Das war einer der Hauptgründe, warum man die Nietzsche-Gedächtnishalle für den Rundfunk auswählte."
Eigentümer der Halle war nunmehr das Land Thüringen.
In einem Schreiben des Landespräsidenten vom 14. März 1946 heißt es lakonisch: „Die Landesverwaltung Thüringen stellt dem Landessender Weimar das Nietzsche-Archiv zur Verfügung. Der Landessender Weimar ist ermächtigt, die erforderlichen Ein-, Um- und Erweiterungsbauten vorzunehmen. Gez. Dr. Paul."

Umbau der Nietzsche-Gedächtnishalle zum Funkhaus

Am 2. Mai 1946 begannen die Umbauarbeiten unter Leitung der Architekten Roland Kiemlen und Hubertus Hytrek. Die technische Konstruktion lag in den Händen von Hermann Stier, der schon den Strahler für Belvedere entworfen hatte und der mittlerweile von der Firma Telefunken zum Rundfunk gewechselt war. Ein Schreiben der Berliner Rundfunk GmbH vom 10. Mai 1946 hebt hervor, daß das „vorgenannte Projekt unter der Dringlichkeitsstufe A läuft".

Folgende Veränderungen waren vorgesehen:

Der zum Redaktionsflügel bestimmte Teil sollte aufgestockt werden. Um einen großen und einen kleinen Sendesaal zu schaffen (plus Regieraum), mußte das Dach angehoben werden. Vorgesehen war auch die (nicht ausgeführte) Überdachung des Lichthofes, um einen weiteren Sendesaal zu gewinnen. Geplant war außerdem der Anbau eines Seitenflügels, der als Sitz der Intendanz dienen sollte.

Die Arbeiten sollten in zwei Bauabschnitten erfolgen, ausgeführt wurden aber nur der Ausbau des Redaktionsflügels und der Bau eines großen und kleinen Sendesaales.

Die weiteren Bauvorhaben fielen dem Rotstift zum Opfer. Nach dem Vorbild des großen Sendesaales im Funkhaus der Berliner Nalepastraße sind die beiden Sendesäle mit geschlitzten Sperrholzplatten ausgekleidet worden, die Decke wurde mit einer durchbrochenen Holzkonstruktion versehen.

Die für beide Säle erforderlichen Regieräume wurden in dem dazwischen liegenden freien Raum untergebracht.

Am 1. Juli 1946 konnten die täglichen Wortsendungen bereits aus dem neuen Funkhaus gefahren werden, offiziell eröffnet wurde es allerdings erst am 11. Juni 1947.

Zur Überbrückung der Personalschwierigkeiten wurde der Betriebsleiter des Senders in Belvedere und Aufbauleiter des Senders in Erfurt (Sender meint die technischen Einrichtungen zur Ausstrahlung des Programms), Alfred Hartung, zum Technischen Leiter in Weimar berufen. Er bemühte sich zunächst, die Ausstattungsmängel zu beheben.

So mußten bisher für Reportagefahrten Fahrzeuge geliehen werden, die nur ungenügend ihren Zweck erfüllten. Der neue Technische Leiter beantragte bei der Deutschen Post ein neues Fahrzeug. Diese stellte einen sogenannten Land-Kraft-Postwagen mit Fahrer zur Verfügung. Im Kofferraum des Wagens waren ein Reportageverstärker V 33, ein Tonbandgerät vom Typ „Dora", Kabeltrommeln und Batterien installiert.

Damit war es nunmehr möglich, Reportagen auch netzunabhängig aufzunehmen. Auffällig waren in der Zeit nach dem Eintreffen des Land-Kraft-Postwagens im Programm des Landessenders die vielen Reportagen mit landwirtschaftlichen Themen. Das hatte einen ganz bestimmten Grund, wie Alfred Hartung sich erinnerte: „Von Kollegen der Redaktion wurden oft solche Aufnahmeorte auf dem Lande herausgesucht, wo es auch etwas zu essen gab. Da in unserem Landpostwagen sechs bis acht Personen Platz fanden, fuhren oft mehr Kollegen als notwendig mit, nur um an der ‚zusätzlichen Verpflegung' teilnehmen zu können."

Um den Bestand der Musikbänder zu erweitern, waren Neuaufnahmen nötig. Dem diente der Ausbau des Sendesaales. Fast wäre dabei der halbfertige Saal wieder abgebrannt. Eine 2000-Watt-Lampe, die die Baustelle beleuchtete, war auf einer Sperrholzverkleidung abgelegt worden, welche in Brand geriet. Zum Glück wurde dieser gerade noch rechtzeitig durch den starken Rauch entdeckt, Schlimmeres konnte verhindert werden.

Am 11. Juli 1947 wurde der Große Sendesaal eingeweiht. Ab 1948 war auch der neue Regieraum für Vorproduktionen von Beiträgen und für Live-Sendungen einsatzfähig.

„Thüringer Volk" (1947)

Zeitungsberichte von der Eröffnung des Funkhauses

Der Große Saal des Landessenders Weimar nach dem Umbau (11. Juli 1947)

Foto: Archiv Dr. Unger

Ein Intendant an der Spitze des Landessenders Weimar

In den Anfangsjahren des Landessenders Weimar wurde das Haus durch einen Intendanten geleitet. In dieser Funktion waren Werner Tausk, Gustav Weber und Käthe Ellrodt tätig. Die Intendanten der Anfangsjahre waren aber nicht wegen journalistischer Spitzenleistungen in dieses Amt berufen worden, es waren politische Motive, die dabei eine große Rolle spielten. Wie Friedrich Ostermuth, seit Ende der vierziger Jahre als Unterhaltungsredakteur beim Landessender Weimar beschäftigt, sich später erinnerte, bemerkte man das auch an der Beherrschung der deutschen Sprache. So schloß Intendant Gustav Weber die Redaktionssitzungen stets mit der Bemerkung: „Jetzt gehen wir alle zu Hause". Gustav Weber war es aber auch, der eine populäre Radiofigur erfand: Knetschke. Der Name spielt auf die mundartliche Bezeichnung der Thüringer im Raum Erfurt-Weimar für „sich unterhalten" an. Der Thüringer, wenn er mit einem Bekannten Neuigkeiten austauscht, unterhält sich nicht, man „quatscht" auch nicht miteinander, sondern man „knetscht". „Knetschke" gab regelmäßig im Abendprogramm Kommentare zum Zeitgeschehen ab, er machte sich seine Gedanken, oft in glossierender Form.

Redaktionssitzung um 1950
Foto: MDR

Redaktionskonferenz 1950 im Zimmer des Intendanten:
Stehend v.l.n.r.: Wolfgang Rödel (Kultur), Günter Domke (Musik), Dr. Hoenig (Information), Klaus Helbig (Kultur), Hans-Joachim Heller (Reporter), Werner Wendt (Studio Erfurt), Alfred Schrader (Unterhaltung), Erich Höhn (Landfunk).
Sitzend v.l.n.r.: Gustav Weber (Intendant), Herbert Thierfelder (Chefredakteur), Ursula Enderle (Studio Erfurt), Rolf Müller (Wirtschaft), Alfred Hartung (Technischer Leiter), Gerhard Sieler (Wirtschaft), Hans-Ludwig Wollong (Musik)
Foto: MDR

„Ein Kessel Buntes" – in Weimar erfunden

Ein Sendetitel, der noch heute vielen Fernsehzuschauern ein Begriff ist, wurde ebenfalls in Weimar geprägt. Zu Beginn der fünfziger Jahre schlug Redakteur Friedrich Ostermuth im Zuge eines innerbetrieblichen Ideenwettbewerbs eine neue Sendung mit dem Titel vor: „Ein Kessel Buntes". Die Idee endete aber vorerst in der Schublade.
Intendantin Käthe Ellrodt wurde später Chefredakteurin der Mitarbeiter-Zeitung des Rundfunks in Ost-Berlin und war zeitweilig auch beim Fernsehen tätig. „Ein Kessel Buntes"

Käthe Ellrodt und Friedrich Ostermuth
Foto: privat

Regieraum des Senders Weimar
Foto: MDR

wurde in dieser Konstellation wiederentdeckt und zum Titel einer überaus populären Samstag-Abend-Show, die sich nicht zuletzt wegen der Auftritte vieler westlicher Stars und wegen ihrer witzigen Moderationen großer Beliebtheit erfreute. Daß der Urheber des Sendetitels aus Thüringen kam und Friedrich Ostermuth hieß, war freilich zu dieser Zeit, in den siebziger und achtziger Jahren, längst vergessen worden.

Neben aktueller Berichterstattung aus Thüringen widmete sich der Landessender Weimar aber auch dem Programmauftrag, in den Thüringer Regionen mit dem Mikrophon vor Ort zu sein, ein Auftrag, der schon bei seinem Sendestart formuliert worden war. Landesdirektor Walter Wolff – heute vergleichbar dem Thüringer Kultusminister – hatte schon am 1. Dezember 1945 angekündigt: „Man werde hinausgehen in das Thüringer Land ..."

Angesichts der Hochwasserkatastrophe in Bruchstedt in der Nähe von Bad Langensalza am 23. Mai 1950, als ein Unwetter den Ort verwüstete, hatte der Landessender Gelegenheit, diese Absicht wahrzumachen.

[1] Brief an Hugo von Hofmannsthal vom 16. April 1911, in: H. Burger (Hrsg.), Harry Graf Kessler: Briefwechsel mit H. v. Hofmannsthal 1898 – 1929, Frankfurt/M. 1968, zitiert nach: Manfred Riedel: Nietzsche in Weimar. Ein deutsches Drama, Leipzig 1997, S. 38

[2] Friedrich Nietzsche: Ecce homo, in: Kritische Studienausgabe, Band 6, München/Berlin/New York 1988, S. 300
Das entsprechende Zitat lautet: „Das Wort ‚Übermensch' zur Bezeichnung eines Typus höchster Wohlgerathenheit im Gegensatz zu ‚modernen Menschen', zu ‚guten Menschen', zu Christen und anderen Nihilisten – ..."

[3] Walter Benjamin: Nietzsche und das Archiv seiner Schwester, in: Gesammelte Schriften, Band III, Frankfurt 1991, S. 326

[4] Frank Simon-Ritz/Justus H. Ulbricht: „Heimstätte des Zarathustrawerkes", in: Wege nach Weimar, ohne Ort, 1999, S. 173

Eingangstür zum Landessender Weimar
Archiv: Hagen Pfau

Vom Kofferstudio zum Mediencenter

Der Rundfunk vor Ort: Beispiel Bruchstedt

In der Nähe der 500-Einwohner-Gemeinde Bruchstedt im damaligen Kreis Bad Langensalza zogen sich am Abend des 23. Mai 1950 zwischen 20 und 21 Uhr schwere Gewitterwolken zusammen. Im Hornholz bei Bruchstedt entstand eine Wasserhose, begleitet von Hagel. Eine Wasser- und Geröllawine wälzte sich auf den Ort zu, innerhalb von kurzer Zeit trat der durch Bruchstedt fließende Fernebach über die Ufer. Eine Flutwelle von drei bis vier Meter Höhe riß Gehöfte, Vieh und sogar Menschen mit sich. Im Bürgermeisteramt erinnert noch heute eine Hochwassermarkierung im Erdgeschoß, kurz unter der Decke, an das katastrophale Ereignis, dem 60 Prozent der Gehöfte und nahezu der gesamte Viehbestand zum Opfer fielen. Insgesamt wurden 20 Pferde, 193 Stück Großvieh, 411 Schweine, 490 Schafe und Ziegen sowie 3867 Hühner, Enten und Kaninchen getötet. Dem Unwetter fielen auch acht Menschen zum Opfer. In einer Dreiviertelstunde wurde der Ort Bruchstedt in einen Trümmerhaufen verwandelt. Der Schlamm stand an manchen Stellen meterhoch.

„Das werden wir nie wieder aufbauen können ...", meinten viele Dorfbewohner. Nach kurzer Zeit trafen die ersten Helfer ein, Hilfskommandos von Volkspolizei und Feuerwehr. Am Morgen des 24. Mai 1950 waren auch Vertreter der SED zur Stelle, um sich einen Eindruck vom Ausmaß der Katastrophe zu verschaffen.

Bild links: Bruchstedt nach der Katastrophe
Foto: privat

Neue Übertragungswagen des Landessenders Weimar um 1950
Foto: MDR

Es wurde ein Entschluß gefaßt, der aberwitzig erschien: in 50 Tagen sollte Bruchstedt wieder aufgebaut werden. Die Landesregierung wurde eingeschaltet, Ministerpräsident Werner Eggerath und Innenminister Willy Gebhardt waren ebenfalls am Tag nach dem Unwetter vor Ort und bestätigten das Vorhaben. Es wurde eine Sonderkommission der Regierung gebildet und eine Soforthilfe von 200.000 Mark bewilligt. Bis zum 15. Juli 1950 sollte das zerstörte Bruchstedt wieder erstanden sein. Schon wenige Tage nach der Katastrophe waren eintausendzweihundert Menschen aus der gesamten DDR im Ort mit dem Wiederaufbau beschäftigt, zeitweilig waren drei- bis viertausend Helfer in Bruchstedt tätig.

v.l.n.r.: Kraftfahrer Klotzbach, Dipl.-Ing. Hermann Stier, Chefredakteur Rabetge, Redaktionssekretärin Schmidt, Reporter Frenzel, Techniker Kunze
Foto: MDR

Ein Rundfunkstudio im Zelt

Der Landessender Weimar wollte da nicht zurückstehen. Er richtete in Bruchstedt eine Außenstelle ein, zu der Friedrich Ostermuth, Wolfgang Rödel, Hans-Joachim Heller und Traudel Bagehorn gehörten. Die Sonderredaktion wohnte und arbeitete in Zelten, ein Ü-Wagen kam bei Bedarf aus Weimar. Die Journalisten vom Landessender begleiteten mit zahlreichen Reportagen den Wiederaufbau Bruchstedts. Das Deutsche Rundfunkarchiv verzeichnet heute einen Bestand von einundzwanzig Reportagen, Interviews, Features und Hörspielen zum Thema Bruchstedt.

Eine besondere Rolle spielt dabei das Hörspiel „Der gemeinsame Weg" von Friedrich Ostermuth und Wolfgang Rödel. Die Hörfolge beschäftigte sich mit dem Wiederaufbau des Ortes, erstmals wurde es am 13. Juli 1950, zwei Tage vor dem Ablauf der 50-Tage-Frist, gesendet. Darin wird detailreich geschildert, wie der Ort die Unwetterschäden bewältigte und wie darüber hinaus nicht nur der Ort wieder aufgebaut wurde, sondern außerdem eine neue Schule, ein Kindergarten und ein Kulturhaus gebaut wurden, die es bisher im Ort nicht gegeben hatte.

Für die Produktion des Hörspiels wurden eigens Schauspieler des Deutschen Nationaltheaters Weimar engagiert. Die Künstler besuchten auch den Ort, um sich einen emotionalen Eindruck von der Situation zu verschaffen. In Nachtproduktionen wurde das Hörspiel dann im Weimarer Funkhaus in der Regie von Wolfgang Rödel und Hans-Joachim Heller produziert. Später erschien die Hörfolge auch als Buch.

Die Außenstelle des Landessenders Weimar in Bruchstedt ist ein frühes Beispiel für die Autorität des Rundfunks in den ersten Nachkriegsjahren. Ehe die Allmacht des SED-Apparates besonders nach der 2. Parteikonferenz im Jahre 1952 zum Autoritätsverfall auch des Rundfunks führte, sind die Reportagen aus Bruchstedt ein Beleg für journalistische Legitimation und Glaubwürdigkeit des frühen Rundfunks. Zeitzeugen erinnern sich auch heute noch daran, mit welchem Engagement und Aufbau-Glauben damals gesendet wurde. In den Wirren nach dem 2. Weltkrieg hat der Rundfunk nach 1945 auch immer wieder Orientierungshilfen gegeben.

Eine Schauspielerin des Deutschen Nationaltheaters im Gespräch mit einer Einwohnerin
Foto: privat

Plakat aus dem Jahre 1950
Archiv: Dr. Unger

Vom Kofferstudio zum Mediencenter

Vom Föderalismus zum Zentralismus –
Einrichtung eines Studios in Erfurt

Bild links:

Blick in das Studio Erfurt nach dem Umbau 1949

Foto: MDR

„Der Sitz der Regierung der Provinz Thüringen befindet sich in Weimar", heißt es in einer Verfügung des Regierungspräsidenten Hermann Brill am 13. Juni 1945.[1]
Noch war Weimar Regierungssitz, aber eine Absetzbewegung in Richtung Erfurt begann schon in den ersten Jahren nach dem 2. Weltkrieg. Staatliche Behörden, aber vor allem SED-Dienststellen, zogen nach Erfurt. Grund war die zentrale Lage der ehemals preußischen Stadt.

Studio ERFURT

„Aus dem Rundfunkstudio Erfurt überträgt der Landessender Weimar ein Nachmittagskonzert ..."
Solche oder ähnliche Ansagen haben die Hörer des Mitteldeutschen Rundfunks in den letzten Wochen häufiger vernommen. Wir berichteten bereits über die Inbetriebnahme des Sendestudios Chemnitz, mit dem sich der Sender Leipzig im sächsischen Industriezentrum eine Nebenstelle schuf, um von hier aus helfend in den Produktionsprozeß eingreifen zu können. Und von diesen Gesichtspunkten ging auch der Landessender Weimar bei der Schaffung seines Studios in Erfurt aus.
Nach Übersiedlung der meisten thüringischen Ministerien von Weimar nach Erfurt wurde die alte Dom- und Kongreßstadt nach und nach auch zur Landeshauptstadt im „Grünen Herzen Deutschlands", wie man Thüringen nicht zu Unrecht nennt. Auch der Landesvorstand der SED, der NDP, des FDGB u. a. verlegten ihren Sitz nach Erfurt. Da darüber hinaus die Stadt bedeutende Industriebetriebe beherbergt (wir denken in erster Linie an das RFT-Funkwerk, das uns die Radioröhren liefert, und an die Olympia-Büromaschinen-Werke), ergab sich die Notwendigkeit, eine Rundfunk-Zweigstelle zu errichten. So entstand mit tatkräftiger Unterstützung des sehr rührigen Oberbürgermeisters Boack das Rundfunkstudio Erfurt, eine große Hilfe für den Landessender Weimar. Über dem Palast-Theater in der Bahnhofstraße, der Hauptverkehrsstraße Erfurts, herrscht nun seit der Eröffnung des Studios ein lebhafter Betrieb. Arbeiter, Unternehmer, Künstler, Wissenschaftler, Gewerkschafter, Parteifunktionäre, Heimkehrer und Sachbearbeiter der Ministerien berichten hier vor dem Mikrofon über ihre Arbeit, machen Vorschläge zur Steigerung und Verbesserung der Produktion oder finden sich zusammen, um über das Problem zu diskutieren, das allen fortschrittlichen Deutschen jetzt am meisten am Herzen liegt, nämlich die Festigung und Erweiterung der Nationalen Front zur Wiedererringung der Einheit unseres Vaterlandes.

Generalintendant Mahle eröffnet das Studio Erfurt
Aufn.: tbd

Für die Rundfunkmitarbeiter waren die Fahrten nach Erfurt, oft mehrmals täglich, eine Belastung. Die verkehrstechnischen Bedingungen gestatteten kein schnelles Arbeiten. Aber schnell zu sein, das ist eine Grundvoraussetzung für den Hörfunkjournalisten. Der Ruf nach einem Studio in Erfurt wurde laut. Der Rat der Stadt stellte mehrere Objekte in Aussicht, die Wahl fiel schließlich auf das Gebäude Bahnhofstraße 43/44. Im Erdgeschoß war ein Kino untergebracht, das Palast-Theater, das heutige Panorama-Palast-Theater.

Artikel aus „Der Rundfunk", Heft 36/1949

Archiv: Hagen Pfau

Dieser Logik folgend, enstanden ab 1952 Studios in Gera und Suhl mit dem langfristigen Ziel der SED-Machthaber, durch eigene Programme für jeden Bezirk auch den historischen Begriff „Thüringen" eines Tages zu den Akten legen zu können (davon mehr in „Die Entwicklung der Studios Gera und Suhl"). Aber diese Hoffnung sollte sich nicht erfüllen – es war gerade der Hörfunk, der letztlich jeglichen Zentralisierungswillen überstand und der Idee „Thüringen" immer ein Zuhause gab.

Ab April 1953 war das Studio Erfurt Leitstudio für die drei Thüringer Bezirke. Da es kein Eigenprogramm für Thüringen mehr gab, sondern nur noch die Programme des Berliner Rundfunks, hatten die Thüringer Studios Zulieferfunktionen für die Berliner Programme zu erfüllen. Allerdings wurden ihnen ab dem 17. August 1953 Sendezeiten für Eigensendungen im Rahmen des Programms Berlin I zugestanden. Diese verteilten sich wie folgt:

Montag 18.15 – 18.45 Uhr
Gemeinschaftsprogramm mit Beiträgen aus allen drei Studios

Dienstag 18.15 – 18.45 Uhr
Suhl

Mittwoch 18.15 – 18.45 Uhr
Erfurt

Donnerstag 18.15 – 18.45 Uhr
Gera

Freitag 18.15 – 18.45 Uhr
Gemeinschaftsprogramm mit Beiträgen aus allen drei Studios

Mit Sendungen wie „Der Erfurter Stadtreporter", mit der Reportagesendung „Das interessiert jeden" (aus Erfurt) oder „Das ist uns aufgefallen", „Begegnungen im Alltag" und „Auf Wanderwegen durch den Thüringer Wald" (Suhl) wurden diese Plätze gefüllt. Ansonsten lief über die Frequenzen das Programm von „Berlin I".

Mit Drahtfunk gegen schlechten Radioempfang

In diese Zeit fällt auch der Ausbau des sogenannten Drahtfunks. Da die Empfangsbedingungen oft schwankten, wurden Studios, staatliche Dienststellen und Betriebsfunkstudios von Großbetrieben „verdrahtet". Die Nutzer waren damit unabhängig vom terrestrischen Empfang über Antenne; Rauschen, Pfeifen und das lästige Schwanken beim Radioempfang waren durch diese Frühform des Kabelempfangs beseitigt.

Für die Nutznießer bedeutete das in der Praxis aber nicht, daß sie – wie beim heutigen Kabelempfang – einen Leitungsanschluß erhielten, der dann an handelsübliche Empfänger angeschlossen wurde, vielmehr wurde das Gerät gleich mitgeliefert. Das war ein schlichtes Holzgehäuse mit einem Lautsprecher – notdürftig mit einfachem Stoff an der Vorderseite drapiert – und zwei Bedienknöpfen. Mit einem Knopf wurde die Lautstärke per Stufenschaltung reguliert, dadurch war der Empfang entweder immer zu laut oder immer zu leise. Ein weiterer Knopf diente zur Senderauswahl, die Belegung orientierte sich an den jeweils gewünschten oder vorhandenen Programmen und konnte nur zentral geändert werden. Ohnehin konnten nur die wenigen DDR-Programme empfangen werden, ein Empfang der zunehmend beliebten „Westsender" war mit einer solchen Apparatur natürlich nicht möglich. Bis zum Anfang der neunziger Jahre waren die Drahtfunkempfänger noch in den Funkhäusern zwischen Schwerin und Suhl anzutreffen.

Schließung des Studios in der Bahnhofstraße

1955 verlor das Studio Erfurt seine Leitfunktion, denn am 11. September 1955 wurde im Funkhaus Weimar wieder mit der Ausstrahlung eines eigenen Programms begonnen. Die Zentralisierungs-Attacke war zunächst überstanden, denn es hatten sich auch in der Bevölkerung Proteste geregt, die sich dahingehend äußerten, daß die Thüringer sich mit ihren Themen und Problemen in den von Berlin aus betriebenen Programmen nicht wiederfänden.
Einen großen Teil der Räume übernahm am 1. August 1956 der VEB Kinotechnik, das Studio Erfurt erfüllte in seiner verkleinerten Version nun wieder Zulieferfunktionen für das Funkhaus in Weimar.
Wenig später schlug die Funkhausdirektorin Ursula Enderle die Schließung des Studios in Erfurt vor, was dann durch das Staatliche Komitee für Rundfunk auch beschlossen wurde. Allerdings entstand das Studio Erfurt in den sechziger Jahren neu. Eingerichtet wurde es im „Presseklub" am Dalbergsweg 1. Der Presseklub beherbergte neben der gleichnamigen Gaststätte ein Büro der „Allgemeinen Deutschen Nachrichtenagentur" (ADN), ein Büro des Bezirkskorrespondenten des SED-Zentralorgans „Neues Deutschland", die Lokalredaktion Erfurt der in Weimar ansässigen Tageszeitung „Thüringer Neueste Nachrichten" und ab 1960 das Korrespondentenbüro der Fernseh-Nachrichtensendung „Aktuelle Kamera" für den Bezirk Erfurt.
Zum Studio Erfurt des Senders Weimar gehörten drei Räume. Im Empfangsbereich arbeitete eine Sekretärin, ein großer Raum diente als Arbeitsraum für den Studioleiter, der dort auch Gäste empfangen konnte, und ein dritter Raum war mit Technik ausgestattet. Dort konnten Beiträge produziert werden, auch Live-Einblendungen waren möglich.
Mit der Wiedergründung des Mitteldeutschen Rundfunks im Jahr 1991 – am 1. Januar 1992 wurde der Sendebetrieb aufgenommen – änderte das Studio innerhalb Erfurts seinen Standort. Es fand nun seinen Platz auf einem Grundstück zwischen Alfred-Hess- und Richard-Breslau-Straße.

[1] zitiert nach: Thüringen Handbuch, hrsg. von Bernhard Post und Volker Wahl, Weimar 1999, S. 425

Vom Kofferstudio zum Mediencenter

Ein Lied geht um den Wald – die Geschichte des Rennsteigliedes

Bild links: Herbert Roth und seine Instrumentalgruppe Anfang der 50er Jahre
Foto: ARD/MDR

Das Rennsteiglied ist eng mit der Geschichte des Rundfunks in Thüringen verknüpft. Denn der Weimarer Musikredakteur Johannes Ziegenhals hatte Herbert Roth entdeckt. An dessen Schreibtisch notierte der Musiker die ersten Noten für das Rennsteiglied. Herbert Roth erinnerte sich später, wie ihm die Idee dazu kam: „Als ich 1950 im Sender Weimar wegen erster Rundfunkaufnahmen vorsprach und auf den Musikredakteur in einem Studio fast zwei Stunden warten mußte, führten die Gedanken an die heimatlichen Berge und Wälder meine Hand zur Melodie des Rennsteigliedes".[1]
Nachdem im Studio Erfurt eher zufällig eine Probeaufnahme des Rennsteigliedes entstanden war, gelangte das Demo-Band nach Weimar. Und es gefiel. So wurde im April 1951 das Rennsteiglied im Weimarer Funkhaus als Rundfunkaufnahme produziert.[2]
Öffentlich aufgeführt wurde das Rennsteiglied zum ersten Mal am 15. April 1951. Der Friseur Herbert Roth übte zuvor Wochen und Monate dafür im väterlichen Friseursalon. Nach Feierabend probte er mit seiner Gruppe, der „Suhler Volksmusik". Sein erster Auftritt fand im „Goldenen Hirsch", einem Lokal in Hirschbach bei Suhl, statt. Das Rennsteiglied war dabei die Zugabe, die gleich mehrfach gespielt werden mußte. Doch das Lied gefiel nicht allen. In einem Zeitungsartikel waren 1953 folgende harte Worte zu lesen, die dem singenden Friseur aus den Thüringer Bergen galten: „Hat Herbert Roth noch nicht das große Kulturhaus in Neuhaus am Rennsteig gesehen, nicht die ihrer Kraft und Stärke bewußten Menschen, die neue ökonomische Verhältnisse auf dem Lande in den Produktionsgenossenschaften schaffen, hat er noch nichts gemerkt von den Aktivisten unserer volkseigenen Wirtschaft, die hier Erholung suchen?"[3] Diese Kritik galt vor allem dem „Rennsteiglied", das seit 1951 den Interpreten und Komponisten Herbert Roth immer populärer machte und das bis heute als heimliche Thüringer Hymne gilt. Es ist inzwischen ein Evergreen.

„Heimatkitsch" und „Formalismus"

Anfang der fünfziger Jahre aber wurde Herbert Roth in die Nähe von Staatsfeinden gerückt, „Schlagerkonfektion" und „Heimatkitsch" waren dabei noch die harmloseren Bezeichnungen für die Rothschen Lieder. Der Vorwurf lautete damals vielmehr: „Formalismus". Ein unter sozialistischen Verhältnissen schwerwiegendes Urteil.

Wanderung mit Herbert Roth

Auf der Bühne eine Gruppe von fünf Personen: Der Suhler Friseurmeister Herbert Roth, die aus dem gleichen Ort stammende Verkäuferin Waltraud Schulz — beide spielen Akkordeon und vereinigen auch ihre Stimmen im Duett — der Suhler Werkzeugmacher Emil Lampert, der virtuos die Zither beherrscht, der Laboratoriumsgehilfe Kurt Knoll, er schlägt die Gitarre, und schließlich der Fleischer Willi Kiesewetter, der den großen „Brummbaß" zupft. Erraten! Es ist Herbert Roth mit seinem Ensemble, das in diesen Tagen auf sein d r e i jähriges Bestehen zurückblicken kann.

Kein Wunder, wenn der große Saal des Erfurter „Stadtgarten" bis auf den letzten Platz gefüllt war, denn die stimmungsvollen Lieder Herbert Roths, die so fest in der Berglandschaft wurzeln, erfreuen sich weit und breit der Volkstümlichkeit. Wer wollte sie nicht einmal vom Komponisten selbst und seinen Musikanten vorgetragen hören? Und mitwandern vom Inselsberg über den Rennsteig zur Oberhofer Höh' in das kleine Haus am Wald und zu all jenen Stellen, die Herbert Roth besungen hat. Arm in Arm mit der Wander-Gretel oder in der Spur des Schneeschuh-Franzel. Ja, so klingt's in den Bergen, und niemand wurde müde, es zu hören.

Im Instrumentalteil überraschte Emil Lampert mit stimmungsvollen Kompositionen vom kleinen Glöckchen im Tal als Zithersolo über Märsche und Gehlberger Hüttentänze bis zum Waldbach-Trio. Hier wie in allem spürte man die dem Thüringer Waldbewohner eigene Lust des Musizierens, die in vorbildlichem Zusammenspiel und -klang ihren künstlerischen Ausdruck fand.   -del.

Zeitungsartikel zu Herbert Roth
Archiv: privat

Herbert Roth und seine „Suhler Volksmusik"
Foto: privat

Als Formalismus wurde auf künstlerischem Gebiet bezeichnet, was im Gegensatz zum geforderten „sozialistischen Realismus" stand, zeitweilig wurden sogar Hanns Eisler, Peter Huchel, Heiner Müller und Peter Hacks des Formalismus verdächtigt. Der Vorwurf des Formalismus konnte Karrieren beenden oder unterbrechen, er bedeutete ein Auftritts- und Publikationsverbot, zumindest für einige Zeit. „Eine Musik, die nicht anknüpft an das Kulturerbe und revolutionär um das Neue ringt ist formalistisch", formulierte es ein Rezensent mit Blick auf Herbert Roth.[4] Thüringen und der Sozialismus seien von Schnulzen bedroht, hieß es weiter, und 1956 wurden in Weimar sogar Studenten mobilisiert, um gegen Herbert Roth zu demonstrieren.[5] Musikwissenschaftler, Volkskünstler, Journalisten und Komponisten wurden aufgeboten – und sie alle beschäftigten sich intensiv mit dem Phänomen Herbert Roth, sogar Drohungen gingen bei ihm ein. Einhelliger Tenor: Die Lieder Herbert Roths sind eine Gefahr für Thüringen. Aber wie in der DDR üblich, konnte ein „Hinweis" von der Partei- und Staatsführung alles ändern. So erging es auch Herbert Roth.

Walter Ulbricht verbrachte regelmäßig Urlaube in Oberhof und besuchte bei dieser Gelegenheit auch ein Konzert Herbert Roths. Wie dessen Freund und Texter Karl Müller in seinen Erinnerungen schreibt, wischte Ulbricht die Musikkritiker mit einer einzigen Bemerkung vom Tisch. „Das gefällt mir eigentlich", soll er gesagt haben, und damit waren die Diskussionen und Demonstrationen beendet.[6] Fast wurden die Kompositionen Herbert Roths damit zur Staatskunst erhoben. Auf jeden Fall durfte der singende Friseur nun bei keiner Volksmusiksendung des Fernsehfunks fehlen.

Herbert Roths erster Auftritt bei einer Rundfunksendung

Herbert Roth erhielt nach der Entdeckung durch den Musikredakteur Johannes Ziegenhals noch weitere Verstärkung von den Weimarer Rundfunkjournalisten. In den Anfangsjahren der „Suhler Volksmusik", 1950 auf Anregung von Johannes Ziegenhals gegründet, stand der Suhler Lehrer und Roth-Freund Karl Müller bei Konzerten der Gruppe als Sprecher auf der Bühne. Einige Zeit später übernahm Friedrich Ostermuth die Conférence bei den Konzerten Herbert Roths.

Herbert Roth hatte im April 1951 zwar das Rennsteiglied mit seinem Ensemble in Weimarer Funkhaus produziert, sein erster Auftritt bei einer öffentlichen Veranstaltung des Landessenders Weimar fand aber erst ein Jahr später statt. In Bad Berka wurde die Sendung „Hallo, hier Osterhase" produziert. Mit dabei: Herbert Roth und sein späterer Conférencier Friedrich Ostermuth. Die aufgezeichnete Sendung wurde dann zu Ostern ausgestrahlt – der erste Auftritt von Herbert Roth im Rundfunk.

Zeitungsartikel zu Herbert Roth
Archiv: privat

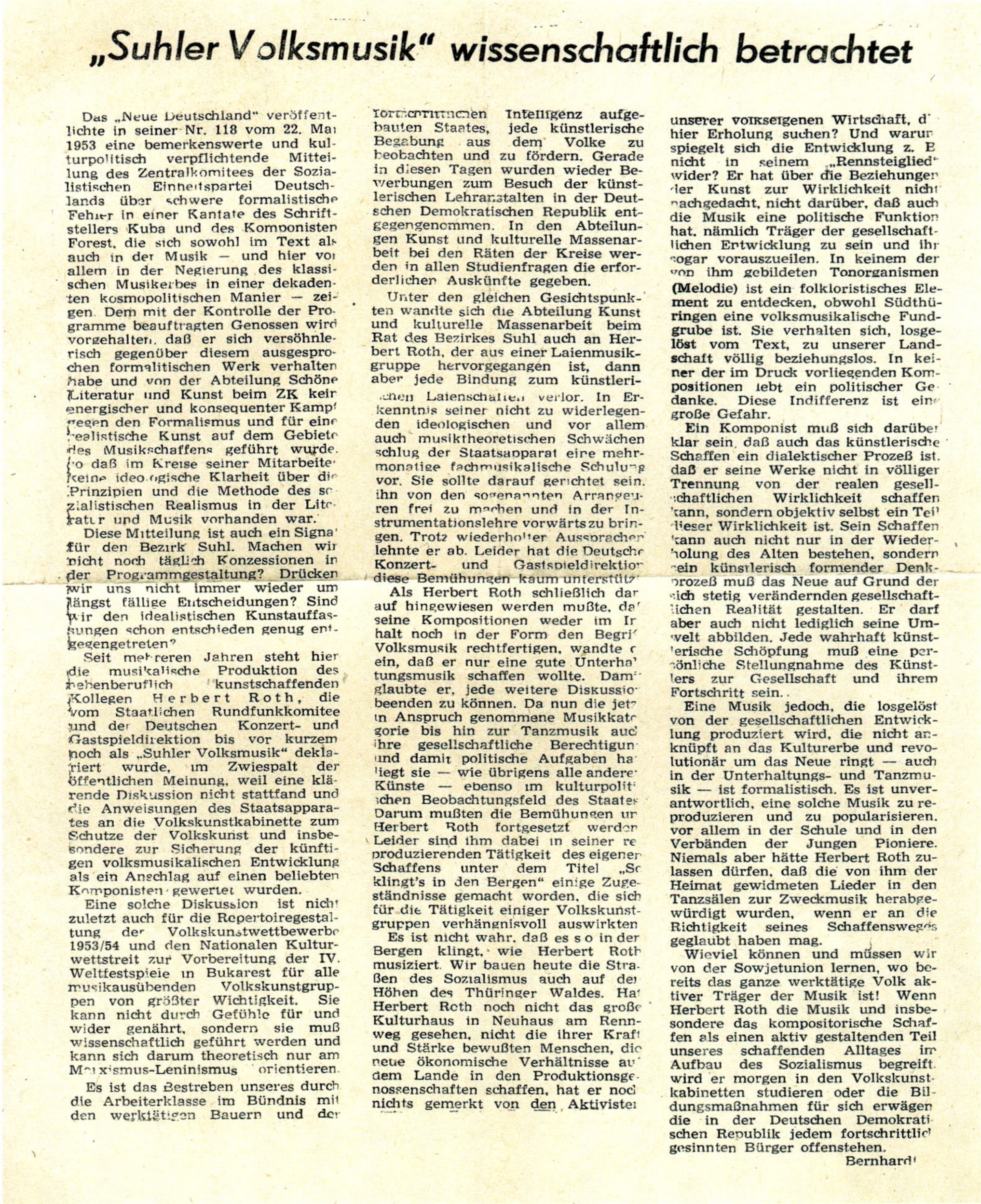

„Suhler Volksmusik" wissenschaftlich betrachtet

Das „Neue Deutschland" veröffentlichte in seiner Nr. 118 vom 22. Mai 1953 eine bemerkenswerte und kulturpolitisch verpflichtende Mitteilung des Zentralkomitees der Sozialistischen Einheitspartei Deutschlands über schwere formalistische Fehler in einer Kantate des Schriftstellers Kuba und des Komponisten Forest, die sich sowohl im Text als auch in der Musik — und hier vor allem in der Negierung des klassischen Musikerbes in einer dekadenten kosmopolitischen Manier — zeigen. Dem mit der Kontrolle der Programme beauftragten Genossen wird vorgehalten, daß er sich versöhnlerisch gegenüber diesem ausgesprochen formalitischen Werk verhalten habe und von der Abteilung Schöne Literatur und Kunst beim ZK kein energischer und konsequenter Kampf gegen den Formalismus und für eine realistische Kunst auf dem Gebiete des Musikschaffens geführt wurde, so daß im Kreise seiner Mitarbeiter keine ideologische Klarheit über die Prinzipien und die Methode des sozialistischen Realismus in der Literatur und Musik vorhanden war.

Diese Mitteilung ist auch ein Signal für den Bezirk Suhl. Machen wir nicht noch täglich Konzessionen in der Programmgestaltung? Drücken wir uns nicht immer wieder um längst fällige Entscheidungen? Sind wir den idealistischen Kunstauffassungen schon entschieden genug entgegengetreten?

Seit mehreren Jahren steht hier die musikalische Produktion des nebenberuflich kunstschaffenden Kollegen Herbert Roth, die vom Staatlichen Rundfunkkomitee und der Deutschen Konzert- und Gastspieldirektion bis vor kurzem noch als „Suhler Volksmusik" deklariert wurde, im Zwiespalt der öffentlichen Meinung, weil eine klärende Diskussion nicht stattfand und die Anweisungen des Staatsapparates an die Volkskunstkabinette zum Schutze der Volkskunst und insbesondere zur Sicherung der künftigen volksmusikalischen Entwicklung als ein Anschlag auf einen beliebten Komponisten gewertet wurden.

Eine solche Diskussion ist nicht zuletzt auch für die Repertoiregestaltung der Volkskunstwettbewerbe 1953/54 und den Nationalen Kulturwettstreit zur Vorbereitung der IV. Weltfestspiele in Bukarest für alle musikausübenden Volkskunstgruppen von größter Wichtigkeit. Sie kann nicht durch Gefühle für und wider genährt, sondern sie muß wissenschaftlich geführt werden und kann sich darum theoretisch nur am Marxismus-Leninismus orientieren.

Es ist das Bestreben unseres durch die Arbeiterklasse im Bündnis mit den werktätigen Bauern und der fortschrittlichen Intelligenz aufgebauten Staates, jede künstlerische Begabung aus dem Volke zu beobachten und zu fördern. Gerade in diesen Tagen wurden wieder Bewerbungen zum Besuch der künstlerischen Lehranstalten in der Deutschen Demokratischen Republik entgegengenommen. In den Abteilungen Kunst und kulturelle Massenarbeit bei den Räten der Kreise werden in allen Studienfragen die erforderlichen Auskünfte gegeben.

Unter den gleichen Gesichtspunkten wandte sich die Abteilung Kunst und kulturelle Massenarbeit beim Rat des Bezirkes Suhl auch an Herbert Roth, der aus einer Laienmusikgruppe hervorgegangen ist, dann aber jede Bindung zum künstlerischen Laienschaffen verlor. In Erkenntnis seiner nicht zu widerlegenden ideologischen und vor allem auch musiktheoretischen Schwächen schlug der Staatsapparat eine mehrmonatige fachmusikalische Schulung vor. Sie sollte darauf gerichtet sein, ihn von den sogenannten Arrangeuren frei zu machen und in der Instrumentationslehre vorwärts zu bringen. Trotz wiederholter Aussprachen lehnte er ab. Leider hat die Deutsche Konzert- und Gastspieldirektion diese Bemühungen kaum unterstützt.

Als Herbert Roth schließlich darauf hingewiesen werden mußte, daß seine Kompositionen weder im Inhalt noch in der Form den Begriff Volksmusik rechtfertigen, wandte er ein, daß er nur eine gute Unterhaltungsmusik schaffen wollte. Damit glaubte er, jede weitere Diskussion beenden zu können. Da nun die jetzt in Anspruch genommene Musikkategorie bis hin zur Tanzmusik auch ihre gesellschaftliche Berechtigung und damit politische Aufgaben hat, liegt sie — wie übrigens alle anderen Künste — ebenso im kulturpolitischen Beobachtungsfeld des Staates. Darum mußten die Bemühungen um Herbert Roth fortgesetzt werden. Leider sind ihm dabei in seiner reproduzierenden Tätigkeit des eigenen Schaffens unter dem Titel „So klingt's in den Bergen" einige Zugeständnisse gemacht worden, die sich für die Tätigkeit einiger Volkskunstgruppen verhängnisvoll auswirkten.

Es ist nicht wahr, daß es so in den Bergen klingt, wie Herbert Roth musiziert. Wir bauen heute die Straßen des Sozialismus auch auf den Höhen des Thüringer Waldes. Hat Herbert Roth noch nicht das große Kulturhaus in Neuhaus am Rennweg gesehen, nicht die ihrer Kraft und Stärke bewußten Menschen, die neue ökonomische Verhältnisse auf dem Lande in den Produktionsgenossenschaften schaffen, hat er noch nichts gemerkt von den Aktivisten unserer volkseigenen Wirtschaft, die hier Erholung suchen? Und warum spiegelt sich die Entwicklung z. B. nicht in seinem „Rennsteiglied" wider? Er hat über die Beziehungen der Kunst zur Wirklichkeit nicht nachgedacht, nicht darüber, daß auch die Musik eine politische Funktion hat, nämlich Träger der gesellschaftlichen Entwicklung zu sein und ihr sogar vorauszueilen. In keinem der von ihm gebildeten Tonorganismen (Melodie) ist ein folkloristisches Element zu entdecken, obwohl Südthüringen eine volksmusikalische Fundgrube ist. Sie verhalten sich, losgelöst vom Text, zu unserer Landschaft völlig beziehungslos. In keiner der im Druck vorliegenden Kompositionen lebt ein politischer Gedanke. Diese Indifferenz ist eine große Gefahr.

Ein Komponist muß sich darüber klar sein, daß auch das künstlerische Schaffen ein dialektischer Prozeß ist, daß er seine Werke nicht in völliger Trennung von der realen gesellschaftlichen Wirklichkeit schaffen kann, sondern objektiv selbst ein Teil dieser Wirklichkeit ist. Sein Schaffen kann auch nicht nur in der Wiederholung des Alten bestehen, sondern sein künstlerisch formender Denkprozeß muß das Neue auf Grund der sich stetig verändernden gesellschaftlichen Realität gestalten. Er darf aber auch nicht lediglich seine Umwelt abbilden. Jede wahrhaft künstlerische Schöpfung muß eine persönliche Stellungnahme des Künstlers zur Gesellschaft und ihrem Fortschritt sein.

Eine Musik jedoch, die losgelöst von der gesellschaftlichen Entwicklung produziert wird, die nicht anknüpft an das Kulturerbe und revolutionär um das Neue ringt — auch in der Unterhaltungs- und Tanzmusik — ist formalistisch. Es ist unverantwortlich, eine solche Musik zu reproduzieren und zu popularisieren, vor allem in der Schule und in den Verbänden der Jungen Pioniere. Niemals aber hätte Herbert Roth zulassen dürfen, daß die von ihm der Heimat gewidmeten Lieder in den Tanzsälen zur Zweckmusik herabgewürdigt wurden, wenn er an die Richtigkeit seines Schaffensweges geglaubt haben mag.

Wieviel können und müssen wir von der Sowjetunion lernen, wo bereits das ganze werktätige Volk aktiver Träger der Musik ist! Wenn Herbert Roth die Musik und insbesondere das kompositorische Schaffen als einen aktiv gestaltenden Teil unseres schaffenden Alltages im Aufbau des Sozialismus begreift, wird er morgen in den Volkskunstkabinetten studieren oder die Bildungsmaßnahmen für sich erwägen, die in der Deutschen Demokratischen Republik jedem fortschrittlich gesinnten Bürger offenstehen.

Bernhardt

Zeitungsartikel aus „Das Freie Wort" Suhl vom 3. Juni 1953

Archiv: privat

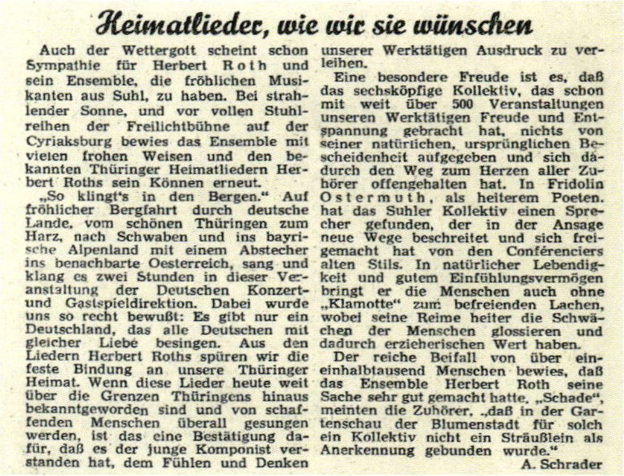

Heimatlieder, wie wir sie wünschen

Auch der Wettergott scheint schon Sympathie für Herbert Roth und sein Ensemble, die fröhlichen Musikanten aus Suhl, zu haben. Bei strahlender Sonne, und vor vollen Stuhlreihen der Freilichtbühne auf der Cyriaksburg bewies das Ensemble mit vielen frohen Weisen und den bekannten Thüringer Heimatliedern Herbert Roths sein Können erneut.

„So klingt's in den Bergen." Auf fröhlicher Bergfahrt durch deutsche Lande, vom schönen Thüringen zum Harz, nach Schwaben und ins bayrische Alpenland mit einem Abstecher ins benachbarte Oesterreich, sang und klang es zwei Stunden in dieser Veranstaltung der Deutschen Konzert- und Gastspieldirektion. Dabei wurde uns so recht bewußt: Es gibt nur ein Deutschland, das alle Deutschen mit gleicher Liebe besingen. Aus den Liedern Herbert Roths spüren wir die feste Bindung an unsere Thüringer Heimat. Wenn diese Lieder heute weit über die Grenzen Thüringens hinaus bekanntgeworden sind und von schaffenden Menschen überall gesungen werden, ist das eine Bestätigung dafür, daß es der junge Komponist verstanden hat, dem Fühlen und Denken unserer Werktätigen Ausdruck zu verleihen.

Eine besondere Freude ist es, daß das sechsköpfige Kollektiv, das schon mit weit über 500 Veranstaltungen unseren Werktätigen Freude und Entspannung gebracht hat, nichts von seiner natürlichen, ursprünglichen Bescheidenheit aufgegeben und sich dadurch den Weg zum Herzen aller Zuhörer offengehalten hat. In Fridolin Ostermuth, als heiterem Poeten, hat das Suhler Kollektiv einen Sprecher gefunden, der in der Ansage neue Wege beschreitet und sich freigemacht hat von den Conférenciers alten Stils. In natürlicher Lebendigkeit und gutem Einfühlungsvermögen bringt er die Menschen auch ohne „Klamotte" zum befreienden Lachen, wobei seine Reime heiter die Schwächen der Menschen glossieren und dadurch erzieherischen Wert haben.

Der reiche Beifall von über eineinhalbtausend Menschen bewies, daß das Ensemble Herbert Roth seine Sache sehr gut gemacht hatte. „Schade", meinten die Zuhörer, „daß in der Gartenschau der Blumenstadt für solch ein Kollektiv nicht ein Sträußlein als Anerkennung gebunden wurde."

A. Schrader

Zeitungsartikel aus „Thüringer Volk" vom 19. August 1953

Archiv: privat

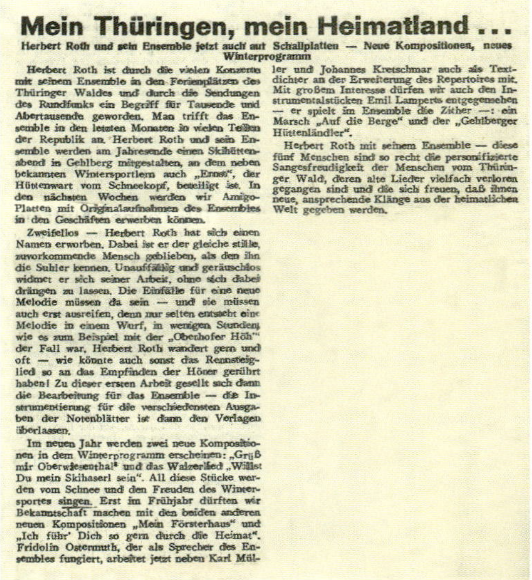

Mein Thüringen, mein Heimatland ...

Herbert Roth und sein Ensemble jetzt auch auf Schallplatten — Neue Kompositionen, neues Winterprogramm

Herbert Roth ist durch die vielen Konzerte mit seinem Ensemble in den Ferienplätzen des Thüringer Waldes und durch die Sendungen des Rundfunks ein Begriff für Tausende und Abertausende geworden. Man trifft das Ensemble in den letzten Monaten in vielen Teilen der Republik an. Herbert Roth und sein Ensemble werden am Jahresende einen Skihüttenabend in Gehlberg mitgestalten, an dem neben bekannten Wintersportlern auch „Ernst", der Hüttenwart vom Schneekopf, beteiligt ist. In den nächsten Wochen werden wir Amigo-Platten mit Originalaufnahmen des Ensembles in den Geschäften erwerben können.

Zweifellos — Herbert Roth hat sich einen Namen erworben. Dabei ist er der gleiche stille, zuvorkommende Mensch geblieben, als den ihn die Suhler kennen. Unauffällig und geräuschlos widmet er sich seiner Arbeit, ohne sich dabei drängen zu lassen. Die Einfälle für eine neue Melodie müssen da sein — und sie müssen auch erst ausreifen, denn nur selten entsteht eine Melodie in einem Wurf, in wenigen Stunden, wie es zum Beispiel mit der „Oberhofer Höh'" der Fall war. Herbert Roth wandert gern und oft — wie könnte auch sonst das Rennsteiglied so an das Empfinden der Hörer gerührt haben! Zu dieser ersten Arbeit gesellt sich dann die Bearbeitung für das Ensemble — die Instrumentierung für die verschiedensten Ausgaben der Notenblätter ist dann den Verlagen überlassen.

Im neuen Jahr werden zwei neue Kompositionen in dem Winterprogramm erscheinen: „Grüß mir Oberwiesenthal" und das Walzerlied „Willst Du mein Skihaserl sein". All diese Stücke werden vom Schnee und den Freuden des Wintersportes singen. Erst im Frühjahr dürften wir Bekanntschaft machen mit den beiden anderen neuen Kompositionen „Mein Försterhaus" und „Ich führ' Dich so gern durch die Heimat". Fridolin Ostermuth, der als Sprecher des Ensembles fungiert, arbeitet jetzt neben Karl Müller und Johannes Kretschmar auch als Textdichter an der Erweiterung des Repertoires mit. Mit großem Interesse dürfen wir auch den Instrumentalstücken Emil Lamperts entgegensehen — er spielt im Ensemble die Zither —: ein Marsch „Auf die Berge" und der „Gehlberger Hüttenländler".

Herbert Roth mit seinem Ensemble — diese fünf Menschen sind so recht die personifizierte Sangesfreudigkeit der Menschen vom Thüringer Wald, deren alte Lieder vielfach verloren gegangen sind und die sich freuen, daß ihnen neue, ansprechende Klänge aus der heimatlichen Welt gegeben werden.

Zeitungsartikel zu Herbert Roth

Archiv: privat

1 Karl Müller, Erinnerungen an meinen Freund Herbert Roth, Suhl 1996, S. 20

2 Herbert Roth mit seiner Instrumentalgruppe, Jubiläumsschrift zum 15-jährigen Bestehen, Berlin 1966

3 Karl-Heinz Bernhardt, „Suhler Volksmusik" wissenschaftlich betrachtet, in „Freies Wort" vom 3. Juni 1953, zitiert nach: Karl Müller, Erinnerungen an meinen Freund Herbert Roth, Suhl 1996, S. 50 f.

4 ebenda, S. 51

5 ebenda, S. 61

6 ebenda, S. 63

Vom Kofferstudio zum Mediencenter

Vom Kofferstudio zum Mediencenter
Kunterbunt am Vormittag – ein Programmtag zu Beginn der fünfziger Jahre

Am 1. August 1950 bekam der Landessender Weimar eine neue, stärkere Frequenz. Statt auf der Mittelwelle 1031 Kilohertz wurde nun auf Mittelwelle 1061 Kilohertz gesendet. Freude auch beim Moderator Friedrich Ostermuth, der am 8. August 1950 seine Sendung „Kunterbunt am Vormittag" zunächst mit einem Gongschlag und dann mit den Worten eröffnete: „Beim Gongschlag war es genau 1061 Kilohertz. So ein Unfug, verzeihen Sie bitte, liebe Hörer, das war natürlich unsere neue Wellenlänge in Weimar." „Kunterbunt am Vormittag" – diese Unterhaltungssendung kam wechselweise aus Dresden, Weimar und Halle.
War Weimar, die Dichterstadt, an der Reihe, wurde die Sendung natürlich gereimt begonnen: Moderator Friedrich Ostermuth hatte folgenden Vers verfaßt, mit dem jede Sendung begann:

Bild links:

Radiohören in den fünfziger Jahren

Foto: Bildagentur Voller Ernst

> „Guten Tag, hier sind wir wieder,
> Firma Kunterbunt und Brüder,
> meldet sich zum x-ten Male
> aus der Weimarer Filiale.
> Unser Tonversand-Kontor,
> stets im Dienst für's Hörer-Ohr."

„Kunterbunt" begleitete den Hörer in den Vormittag mit dem Ferienbriefkasten, mit Glossen, mitunter auch Grüßen und mit Musik.
Der Programmtag des Landessenders Weimar am Anfang der fünfziger Jahre begann um 5.30 Uhr mit dem Landfunk. Themen waren hier zum Beispiel Erntevorbereitungen – „Was tatest Du für den Tag der Bereitschaft am 15. Juni?" – oder Hochwasserschutz, Motto: „Keine anglo-amerikanische Terrorbombe darf unsere Staumauer zerstören, wie im Mai 1943 die Edertalsperre. Wir werden unsere Felder, Höfe und unsere Errungenschaften verteidigen."
Um 11 Uhr bzw. 12 Uhr war das eigene Programm erst einmal beendet, es wurde das Zentralprogramm des Mitteldeutschen Rundfunks aus Leipzig übernommen.
Um 16.30 Uhr meldete sich Weimar mit dem markanten Pausenzeichen „Sah ein Knab' ein Röslein stehn" zurück.

WEIMAR
5.00 Mitteld. Programm. **9.30** Kunterbunt am Vormittag. **11.00 Nachrichten. 11.20** Orchesterkonzert. 1. Ein Künstlerfest, Ouvertüre (Czernik); 2. Capriccio (Pachernegg); 3. Valse romantique – Erinnerung an Schweden (Heinecke); 4. Konzertante Tanzsuite (Carste), Grotesker Marsch / Rhapsodischer Walzer / Konzertanter Tango / Heiteres Finale. **12.00** Mitteld. Programm. **12.25** Sendepause. **13.45** Mitteld. Programm. **16.30** Auf der Pußta klingt ein Lied, Musik am Nachmittag mit ungarischen Melodien, dazw.: **17.00 Nachrichten. 17.30** Reporter berichten. **17.45** Kultur-Echo. **18.00** Die Frau von heute. **18.15** Thüringer Volkschöre, Volkschor Schwarza, Ltg.: Manfred Girbarth. **18.35** Thüringer Heimat. **18.50** Schaffendes Volk. **19.00** Kommentar des Tages. **19.15** Musik am Abend. Hans Bund und Kurt Kirmair spielen. **19.30** Mitteldeutsches Programm.

Zeitschrift „Der Rundfunk" 50/1949

Archiv: Hagen Pfau

„Tägliche Rundschau"

Zeitungsartikel vom vom 7. März 1950

Ein Landessender schaltet sich ein
Durch zielbewußte Rundfunkarbeit zu volksnahen Sendungen

In vielen Berichten Thüringer Verwaltungen und Organisationen (wie auch in dem Artikel der „Täglichen Rundschau" vom 9. Februar „Kulturzentren auf dem Lande") wird die enge Zusammenarbeit mit dem Landessender Weimar hervorgehoben. Das hat seinen guten Grund. Denn der Sender Weimar ist seit dem Sommer des vergangenen Jahres dazu übergegangen, in enger Verbindung mit seiner Sendearbeit als organisierender Faktor in der demokratischen Oeffentlichkeit zu wirken. Die kleinen Beispiele gehen in die Hunderte. Nur zwei davon: Da fehlte einer MAS für ihren besten Traktor ein Ersatzteil. Der Sender rief zur Hilfe auf. Noch am gleichen Tage lieferten Arbeiter einer anderen MAS das Ersatzteil an Ort und Stelle ab. Eine Pioniergruppe schrieb, sie habe ein so schönes Klubhaus, aber es fehle an Geld, um die Einrichtung zu verschönern. Der Sender schaltete sich ein, und den Jungen konnte geholfen werden.

Jeder Tag bringt ins Weimarer Funkhaus Dankschreiben über gute Sendungen, aber auch Anregungen und Kritiken, die an Deutlichkeit nichts zu wünschen übriglassen. Es ist erstes Gebot, daß kein Hörerbrief und keine Volkskorrespondentenmeldung unbeantwortet bleibt. Diese Kleinarbeit ist es ja eigentlich, die den Rundfunk zum Helfer und Freund macht. Als ein Schwerpunkt in der Arbeit des Thüringer Landessenders wird die Kulturarbeit auf dem Lande betrachtet.

Als die ersten Sendungen aus und über die MAS ohne Echo blieben, unternahmen Mitarbeiter des Senders eine Informationsfahrt in die Thüringer MAS, um der Sache auf den Grund zu gehen. Und dieser Grund war schnell gefunden: Von den 51 Maschinenausleihstationen Thüringens hatten nur drei einen guten Rundfunkempfänger. Außerdem wurde festgestellt, daß die Versorgung mit guten Filmen und die Zusammenarbeit mit den Kulturorganisationen mangelhaft waren. Mit Reportagen, Kommentaren und Briefen an die zuständigen Verwaltungen begann der Landessender Weimar eine planvolle Aktion. Und der Erfolg? Sämtliche Thüringer MAS erhalten einen großen Rundfunkempfänger modernster Bauart mit Anschluß mehrerer Lautsprecher und Plattenspielgeräten. 25 Apparate sind bereits ausgeliefert, die anderen folgen in diesen Wochen. Daß der Landessender über diese rundfunktechnischen Einrichtungen ebenso wie über die Werkfunkanlagen in den Industriebetrieben die Patenschaft übernommen hat, sei nur am Rande vermerkt. Die Belieferung mit einer großen Anzahl von Tonfilmapparaturen wurde ebenfalls in die Wege geleitet.

Ermutigt durch diese Erfolge, ging der Landessender einem anderen „Engpaß" zu Leibe. Er berief eine Konferenz zur Betreuung der Werktätigen in Kurorten und Erholungsstätten ein. FDGB, Deutsche Volksbühne, SVA, Kulturbund, Gesellschaft für Deutsch-Sowjetische Freundschaft, Volksbildungsministerium, Deutsches Nationaltheater und Parteien kamen und waren dankbar, daß die vielen Einzelversuche nun zielbewußt koordiniert werden. Der Umschwung in der Kulturarbeit, der in diesem Jahre erreicht werden soll, muß sich auch in den Erholungsstätten auswirken, in denen die Werktätigen und, nicht zu vergessen, auch ihre Frauen guter und fortschrittlicher Kunst gegenüber besonders aufgeschlossen sind.

Um eine noch engere Verbindung mit den Werktätigen herzustellen, veranstaltete der Landessender Weimar Ende Januar eine zweitägige Volkskorrespondentenkonferenz, die besonders stark von Vertretern der MAS besucht war. Auch der Versuch, mit einem Abspielgerät auf eine MAS zu gehen und dort Reportagen aus dem eigenen und aus benachbarten Betrieben im Wechsel mit einem Hörspiel und guter deutscher und sowjetischer Volksmusik von Bändern abzuspielen, erwies sich als ein großer Erfolg.

Seit Beginn dieser organisierenden Tätigkeit des Landessenders sind die Hörerzuschriften sprunghaft angestiegen. Hörerversammlungen im Funkhaus fanden so starken Anklang, daß sie – und nicht nur in Weimar – wiederholt werden sollen. Wesentlich ist vor allem, daß durch das organisierende Einschalten die Leistungen in der eigentlichen Sendearbeit viel besser geworden sind. Das beweisen die jedem zur Einsicht offenstehenden Hörerbriefe, in denen immer wieder der Gedanke ausgedrückt wird: „Jetzt ist doch ein ganz anderer Schwung in den Sendungen!" hob.

Nach der Stationsansage „Hier ist der Landessender Weimar" folgte „flotte Musik" und, vielleicht weniger flott, dafür mehr offiziell, der „Kommentar des Intendanten". Ab 17.00 Uhr war ein „Musikalisches Allerlei" mit Wortbeiträgen im Programm. Dabei mischten sich regionale und überregionale Themen. So wurden „Ausländische Delegierte des III. Parteitages" vorgestellt oder der „Bergbaunachwuchs Maxhütte" porträtiert. Im Laufe des Abends, der als Programmtag um 19.30 Uhr endete, folgten weitere Kommentare, Musiksendungen („Berühmte Solisten" oder „Schöne Stimmen") und ein „Forum der Nationalen Front".
„Musik zum Feierabend" beschloß den Sendetag, in dem sich lokale Themen mit offiziellen Beiträgen gemischt hatten.
Bis zum Ende des DDR-Rundfunks stritten stets zwei Programmbausteine um die Vorherrschaft. Zum einen offiziell erwünschte Themen (Berichte über Parteitage, über Aufbauleistungen und die erfolgreiche Lösung von lösbaren Problemen – unlösbare Kon-

flikte waren kein Thema für die Medien), zum anderen – zumal bei einem Landessender – Berichte aus der Region, die nicht konfliktträchtig, aber auch nicht vordergründig politisch waren, sondern über Brauchtum, Ortsgeschichte oder lokale Ereignisse informierten.

Die Mischung aus Parteitag und Patriotismus wurde mit Musik gemixt, und dieses „Kunterbunt" war wegen seiner gewagten Mischung immer bizarr.

Volkskorrespondenten und Hörerversammlungen

Besonders zu Beginn der fünfziger Jahre bemühten sich die Weimarer Radiojournalisten um den direkten Kontakt zu ihren Hörern. Von Januar bis März 1950 gab es allein vier Treffen, die sich mit diesem Thema beschäftigten.

Am 10. Januar 1950 wurde eine Konferenz des Landessenders Weimar mit dem Thema „Betreuung der Werktätigen in den Kurorten Thüringens" abgehalten, an der sich auch die für die Urlauber zuständigen staatlichen Einrichtungen beteiligten. Am 21. und 22. Januar 1950 waren dann die Thüringer Volkskorrespondenten Thema einer Tagung. Volkskorrespondenten waren jene Programmzulieferer, die man heute als Quelle bezeichnen würde, Menschen, die über interessante Informationen verfügen. Während Quellen aber meist brisante Informationen für gutes Geld liefern, schrieben Volkskorrespondenten langweilige Erfolgsmeldungen aus der sozialistischen Wirtschaft gegen wenig Geld.

Anfang Februar fand als Gemeinschaftsveranstaltung mit dem Kulturbund eine Hörerversammlung statt: die Hörer waren eingeladen, ihre Vorstellungen über die Gestaltung des Hörfunks zu diskutieren. Im März folgte die zweite Hörerversammlung des Landessenders Weimar: anhand von Sendebeispielen ging es um die Frage „Zuviel Politik im Rundfunk?"

Die Hörfunkjournalisten bemühten sich intensiv um ihre Kunden, waren aber gleichfalls der Meinung, daß auch Hörer Pflichten haben. Zum Beispiel regelmäßig ihre Meinung zum Rundfunk zu äußern und als Volkskorrespondenten Informationen zu liefern.

Aber nicht immer reagierten die Hörer auf Beiträge oder Sendungen, zur Verwunderung der Journalisten. Obwohl sie den Maschinenausleihstationen (MAS) eine lobende Sendung gewidmet hatten, verbunden mit einem Aufruf, meldeten sich diese nicht. „Als die ersten Sendungen aus und über die MAS ohne Echo blieben, unternahmen Mitarbeiter des Senders eine Informationsfahrt in die Thüringer MAS, um der Sache auf den Grund zu gehen. Und dieser Grund war schnell gefunden: Von den 51 Maschinenausleihstationen Thüringens hatten nur drei einen guten Rundfunkempfänger."[1] Der Rundfunk machte daraufhin mobil, einige Zeit später hatten alle MAS einen brauchbaren Empfänger.

Auch das war Hörfunk der frühen fünfziger Jahre. Neben den Sendungen aus dem Funkhaus leistete der Landessender Weimar „organisierende Tätigkeit". Die Journalisten suchten das Gespräch und kämpften um Glaubwürdigkeit, die in Richtung 17. Juni 1953 langsam abzubröckeln begann.

Land-Kraft-Postwagen im Einsatz
Foto: MDR

Vom Kofferstudio zum Mediencenter

Vom Kofferstudio zum Mediencenter
Hier spielt die Musik – Musikproduktionen in Weimar

1947 war der Große Sendesaal in Weimar eingeweiht worden, in den Folgejahren begann mit zahlreichen Produktionen der Aufbau des Musikarchivs. Zunächst hatte man sich mit den Musikaufnahmen des Reichssenders Breslau beholfen, die in Folge des Kriegsverlaufes in die Weimarer Luisenstraße (die spätere Humboldtstraße) gebracht worden waren. Der anfängliche Bestand von Musikaufnahmen war 1945 außerdem durch Musikbänder ergänzt worden, die im Behelfsstudio Veilchenbrunn des Großdeutschen Rundfunks gefunden worden waren. Darunter waren bedeutende Aufnahmen; Produktionen der ernsten Musik als auch Tanz- und Unterhaltungsmusik, so Aufnahmen mit dem Tanzstreichorchester Hans Bund und dem Tangoorchester Adalbert Lutter.
Qualitativ einmalig war das Tondokument mit einer Aufnahme des „Fidelio" von Ludwig van Beethoven, die von den Wiener Philharmonikern unter Leitung von Karl Böhm eingespielt worden war. Zur Beethoven-Ehrung 1952 wurde diese Einspielung vom Landessender Weimar für alle Sender der DDR übertragen. Aber für einen Radiobetrieb auf Dauer reichten diese Aufnahmen nicht aus.

Bild links:
Tanzorchester Hans Boll
Foto: Stadtarchiv Weimar

Aufbau eines Musikarchives mit Neuaufnahmen

Namen, die für den Aufbau eines ansehnlichen Musikarchivs stehen, sind die von Johannes Ziegenhals, Max Spielhaus und Harald Sondermann. Johannes Ziegenhals, den man auch als Vater der Thüringer Volksmusik bezeichnen könnte, hatte beispielsweise Herbert Roth entdeckt und zu ersten Produktionen nach Weimar geholt. Ziegenhals wurde bis ins hohe Alter nicht müde, Thüringer Kleinstädte und Dörfer nach neuen Gruppen und alten Traditionen zu durchforschen. Die Entdeckungsfahrten wurden in den Anfangsjahren gleich mit dem Übertragungswagen unternommen, in vielstündigen Aufnahmen sind dabei zahlreiche Bänder entstanden. So gelangten Aufnahmen mit den Thüringer Sängerknaben aus Saalfeld, der Lautengilde Gräfenroda, den Hundshagener Volksmusikanten und mit Chören aus der Rhön in den Keller der Humboldtstraße 36a, wo in langen Holzregalen das Musikarchiv des Landessenders Weimar untergebracht war. Auch alte Instrumente wurde wieder zum Klingen gebracht und aufgenommen: das Thüringer Hackbrett, die Maultrommel und die Waldzither.

Die Tanzkapelle Hans Boll bei einer Tonaufnahme im Sendesaal Weimar
Archiv: Hagen Pfau

Für Aufnahmen mit dem Ü-Wagen standen in den Anfangsjahren nur zwei bis drei Mikrophone zur Verfügung, die das ganze Ensemble einfangen mußten.

Kennzeichen „W" – qualitätvolle Musikaufnahmen aus Weimar

Anders im Großen Sendesaal des Landessenders Weimar. Hier wurden Konzerte mit den Weimarer Kammermusikern, aber auch mit der Weimarischen Staatskapelle unter Leitung von Hermann Abendroth aufgenommen. In einer Besetzung mit fünfzig Musikern wurde von der Staatskapelle so beispielsweise die Oper „Der Postillon von Lonjumeau" von Adolphe Adam aufgezeichnet. Hinzu kamen bei dieser Aufnahme Solisten und fünfzig Chormitglieder. Wobei zu bemerken ist, daß der Große Sendesaal für dreißig Musiker ausgelegt ist.

Die Weimarische Staatskapelle war Anfang der fünfziger Jahre schon sehr funkerfahren, bei anderen Thüringer Orchestern, die in Weimar zu Aufnahmen erschienen, gab es manchmal Probleme. Tonmeister Harald Sondermann, der später die Musikredaktion leitete, scheute sich nicht, ein Orchester wieder nach Hause zu schicken, wenn ihm die Vorbereitung der Musiker nicht ausreichend erschien. Aber so entstanden gute Aufnahmen, zum Beispiel mit dem Landessinfonieorchester Gotha oder mit dem Orchester der Geraer Bühnen.

Neben Tanzmusik und Aufnahmen mit ernster Musik, gespielt von professionellen Musikern, widmete sich die Weimarer Musikredaktion auch dem künstlerischen Nachwuchs, besonders von der Weimarer Musikhochschule „Franz Liszt". Studenten erhielten die Möglichkeit einer Musikproduktion; so wurden zum Beispiel „Liebeslieder" von Johann Cilensek eingespielt, der einer der produktivsten und bekanntesten Komponisten der DDR im Bereich moderner Klassischer Musik werden sollte.

Produktionen der Tanzmusik lagen zunächst nur, wie erwähnt, in Aufnahmen des Großdeutschen Rundfunks vor. Ein „Tanzstreichorchester des Senders Weimar" wurde folglich zusammengestellt, um das musikalische Repertoire mit Neuaufnahmen zu erweitern. Geleitet wurde die Formation von Dieter Brand. Nachfolger war das „Orchester Seeliger". Diese Band spielte eine Mischung aus Unterhaltungs- und Tanzmusik, aber im Zeitalter des aufkommenden Boogie ließen sich damit nur ältere Hörer begeistern.

Die „Weimarer Funkrhythmiker" unter Leitung von Rene Dubianski sollten durch die Klänge von Trompeten, Saxophon und Schlagzeug eher junge Hörer begeistern.

Ein Höhepunkt der Musikaufnahmen in der Weimarer Humboldtstraße war sicherlich die Produktion von Hörszenen, die Albert Lortzing gewidmet waren. Dafür wurden nicht nur Schauspieler wie Wolf Goette aufgeboten, sondern die gesamte Belegschaft, ob musikalisch oder nicht, wurde in die Produktion einbezogen. Bei einer Szene, die im deutschen Revolutionsjahr 1848 spielt, standen fast alle Mitarbeiter des Senders Weimar vor dem Mikrophon. Im Chor rief die linke Gruppe: „Es lebe Lortzing!", die rechte Gruppe schallte zurück: „Es lebe die Revolution!". Bei den Rufchören handelte es sich um alle verfügbaren Redakteure, Kraftfahrer und Sekretärinnen. Die gelungene Produktion zog weitere nach sich. In den folgenden Monaten entstanden Hörfolgen zu den Themen Richard Wagner, Robert Schumann und Ludwig van Beethoven. Viele dieser Musik- und

Plattenspieler in den 50er Jahren
Foto: Stadtmuseum Weimar

Funkhaus Humboldtstr. 36a
Technikraum
Foto: Stadtmuseum Weimar

Das Band-Archiv in Weimar, Humboldtstraße 36a in den 50er Jahren
Foto: Stadtmuseum Weimar

Wortproduktionen sind auch als Kopie von anderen DDR-Sendern angefordert und oft eingesetzt worden. Das Weimarer Kennzeichen auf den schlichten Pappkartons mit den Bändern war ein großes „W". Kennzeichen „W" – das war auch ein Merkmal für hohe Qualität der Aufnahmen. Bis heute existieren diese Aufnahmen beim Rundfunk. Sie liegen in digitaler Form im Massenspeicher des Schallarchivs der Hörfunkdirektion in Halle vor, und auf MDR KULTUR sind sie auch immer mal wieder zu hören.

Vom Kofferstudio zum Mediencenter

Vorkenntnisse nicht erforderlich – die Rundfunkschule in Weimar

Bild links:
Schüler der Rundfunkschule
Archiv: Hagen Pfau

Ein junger Mann in einer für zivile Zwecke umgearbeiteten Militärjacke steht in der ehemaligen Nietzsche-Gedächtnishalle in der Weimarer Humboldtstraße 36a an einem offenen Fenster, blickt hinaus und redet. Er schildert, was er sieht, viel Grün, die Reste einer alten Windmühle, zwischen den Bäumen lugen die Dächer von Einfamilienhäuschen hervor, die vom Krieg verschont wurden.
So lernten die Studenten der „Fachschule für Rundfunkwesen" das Handwerk des Hörfunk-Journalisten kennen. Ein wenig theoretische Grundlagen und viel, viel Praxis. Zur Vorgeschichte der Rundfunkschule gehörten grundlegende Veränderungen der DDR-Verwaltungsstruktur. Per Gesetz waren die ehemaligen Länder wie Thüringen aufgelöst wurden, der Hörfunk in Weimar mit seinem Funkhaus stellte das eigene Programm ein. Studios in Erfurt, Gera und Suhl belieferten statt dessen die Berliner Radioprogramme mit Thüringer Beiträgen.

Rundfunkschule 1953
Foto: MDR

Einrichtung einer Rundfunkschule

Im nunmehr leerstehenden Gebäude des ehemaligen Landessenders Weimar wurde 1953 eine „Fachschule für Rundfunkwesen" eingerichtet. Geleitet wurde sie von Erich Höhn und Gerhard Scheumann, der ab 1965 zusammen mit Walter Heynowski durch Dokumentarfilme wie „Der lachende Mann", „Piloten im Pyjama" und „Die Generale" bekannt wurde.
Die Rundfunkschule als Institution kam aus Berlin-Grünau, nachdem durch Druck der West-Alliierten in Berlin der DDR-Rundfunk gezwungen gewesen war, das Rundfunkgebäude im britischen Sektor von Berlin in der Masurenallee zu verlassen. Ein Gebäude im Ost-Berliner Stadtteil Grünau, das bislang als Ausbildungsstätte für den journalistischen Nachwuchs genutzt worden war, wurde sozusagen über Nacht für Sendezwecke benötigt. Umgekehrt war es in der Weimarer Humboldtstraße, dort war der Sendebetrieb eingestellt worden.

Rundfunkschule 1953/Türschild
Foto: MDR

Die Rundfunkschule zog also nach Thüringen um und hat dort von 1953 bis 1955 bestanden. An Hörfunk-Journalisten herrschte Anfang der fünfziger Jahre in der DDR akuter Mangel. Denn ehemalige Mitarbeiter des Reichsrundfunks galten als politisch belastet und wurden beim Rundfunk der DDR nicht angestellt, viele von ihnen hatten das auch gar nicht erst versucht, sondern waren lieber gleich in eine der West-Zonen übergesiedelt. Aber für einen völligen Neuanfang fehlten der DDR die qualifizierten Mitarbeiter. Die Weimarer Rundfunkschule sollte dieses Dilemma solange beheben, bis an der Karl-Marx-Universität Leipzig die journalistische Fakultät Absolventen in die Praxis entließ. Vorkenntnisse spielten in Weimar keine Rolle, eine generelle Eignung für den Beruf des Hörfunkjournalisten und eine systemkonforme politische Einstellung vorausgesetzt. Ausgebildet wurde in Jahreslehrgängen, rund fünfzig Rundfunkschüler gehörten einem Jahrgang an.

In einer Aufnahmeprüfung mußten die Kandidaten ihre Eignung für den Beruf unter Beweis stellen, danach begann die stark an den praktischen Anforderungen des Rundfunks orientierte Ausbildung. Die Rundfunkschüler lernten eine Schilderung kennen, erfuhren, wie Reportagen aufgebaut sind und was für Hörfunk-Nachrichten charakteristisch ist.

Das Rundfunkgebäude in der Berliner Masurenallee vor 1953
Foto: Deutsches Rundfunkarchiv Frankfurt/Main, Potsdam

Am Stadtrand von Weimar, auf einer der schönsten Höhen — dem Silberblick — liegt die Rundfunkschule des Staatlichen Rundfunkkomitees. 70 Jungen und Mädchen erfüllen das Haus mit pulsierendem Leben. Ein gemeinsames Ziel — Mitarbeiter des Demokratischen Rundfunks zu werden — führte sie aus allen Teilen der Republik zusammen. Noch vor einem Jahr saß Ursula an der Schreibmaschine, stand Werner an der Drehbank, war Ilse Lehrling in einem Konsumgeschäft. Allen machte ihr Beruf sehr viel Freude, aber sie sagten glücklich „Ja", als sie von den Studios für die Rundfunkschule vorgeschlagen wurden. Natürlich werden die künftigen Schüler in erster Linie aus dem Kreis der Funkkorrespondenten bei den Studios ausgewählt, die sich dort bereits Voraussetzungen für ihren neuen, schönen, aber auch verantwortungsvollen Beruf erarbeitet haben.

Trotz der Vielfältigkeit des Schulplanes erfolgt die Ausbildung auf jedem Gebiet sehr gründlich. Wie in der späteren Rundfunktätigkeit, werden schon hier die Schüler in der Redaktion eingesetzt, die ihren Fähigkeiten und Interessen entspricht. So gehört Gisela zur Redaktion Unterhaltung, Jutta zur Kulturredaktion und Herbert, als Sohn eines Genossenschaftsbauern, ist natürlich bei den Landwirtschafts-Spezialisten zu finden. Zeitig rasselt der Wecker, denn um 7 Uhr beginnt der Unterricht mit der Zeitungsschau. Vormittags arbeiten die Schüler in den einzelnen Redaktionen. Gisela hat technischen Unterricht, da heißt es mächtig aufpassen, denn als Funkredakteur muß man auch über ein Minimum an technischem Wissen verfügen. In allen Redaktionen wird von den Dozenten auf gutes Hochdeutsch geachtet. Die Schüler lernen die deutsche Sprache gut anzuwenden und selbst schwierige Probleme einfach und leicht verständlich darzulegen. In der Kulturredaktion erläutert der Kollege Gerhard Scheumann eine gute Schilderung, die anschaulich, lebendig und persönlich sein muß.

Nach der Mittagspause treffen wir die Schüler beim Selbststudium. Ein Teil der Redaktionen nimmt nachmittags draußen Reportagen und Interviews auf. Schon während des Lehrganges lernen die Schüler ihre theoretischen Kenntnisse in der Praxis anzuwenden. In der ersten Zeit waren sie alle noch etwas unsicher, aber das ist längst überwunden. Schon jetzt zeigen sich die ersten Ergebnisse in den Reportagen, Erfolge des Studiums und der Sprecherziehung.

Den ganzen Tag wird eifrig gelernt, aber am Abend merkt man doppelt, daß in diesem Haus 70 junge fröhliche Menschen leben. Hans und Werner spielen Tischtennis, im Klubraum wird eine Runde Schach ausgetragen und aus der Mädchenkemenate klingen lustige Lieder. Jeder hat sich ein Ziel gesetzt und lernt fleißig, um einmal Spezialist auf seinem Gebiet zu werden, und mit der Schulzeit ist die Ausbildung noch nicht beendet. Auch beim Rundfunk selbst werden sie weiterlernen. Sie wollen gute Sendungen gestalten, die allen Hörern etwas geben, die auf interessante Art unterrichten und belehren, die entspannen und unterhalten. Sie, die selbst einst hinter der Werkbank standen, wollen als Mitarbeiter des Demokratischen Rundfunks den Werktätigen Freund und Helfer sein, wollen mithelfen, das Leben froh, schöner und reicher zu gestalten.

Zeitungsartikel über die Rundfunkschule
Archiv: Hagen Pfau

Von der Praxis-Ausbildung zum Roten Kloster

Parallel entstand an der Universität Leipzig, die seit 1953 Karl-Marx-Universität hieß, eine Fakultät, die vor allem Nachwuchs für Printmedien ausbildete. Das änderte sich am 23. April 1955 mit einem gemeinsamen Papier der Karl-Marx-Universität Leipzig und dem Staatlichen Komitee für Rundfunk unter dem Titel „Über die Gründung eines Institutes für Rundfunk-Journalistik an der Fakultät für Journalistik der Karl-Marx-Universität zu Leipzig". Die Tage der Weimarer Rundfunkschule waren damit gezählt. Ohnehin herrschte in der Thüringer Bevölkerung Unzufriedenheit über den Verlust ihres Landesprogrammes. Mit Beschwerden, die auch bei der SED-Bezirksleitung in Erfurt nicht unbeachtet blieben, machten die Thüringer ihrem Unmut Luft.

Die Einrichtung eines spezifischen Institutes in Leipzig und der Unmut in der Bevölkerung über das fehlende Thüringer Landesprogramm waren die unmittelbaren Vorbedingungen für die Wiedereinrichtung eines Thüringer Landesprogrammes, das am 11. September 1955 auf Sendung ging. Für den journalistischen Nachwuchs wäre es allerdings besser gewesen, wenn die Weimarer Rundfunkschule mit ihrer Konzeption fortbestanden hätte. Die Ära einer praxisorientierten Rundfunk-Ausbildung war nämlich mit dem Wechsel der Kompetenzen beendet. Was an der Karl-Marx-Universität in Leipzig an die Stelle der bisherigen Ausbildung trat, war mit dem Weimarer Bildungsansatz nicht zu vergleichen. Denn das zitierte Papier sah im wesentlichen einen Unterricht in Fächern wie „Theorie und Praxis der Pressearbeit" und „Geschichte der deutschen Presse" vor.

Die Vertreter einer praxisnahen Ausbildung, Erich Höhn und Gerhard Scheumann, weigerten sich unter diesen Voraussetzungen, einen Lehrauftrag der Leipziger Universität anzunehmen, und sahen sich in ihrer bisherigen Arbeit diskreditiert. In einem Brief an die „Abteilung Agitation beim SED-Zentralkomitee, zu Händen Horst Sindermann" sprachen sie sogar von einem Lehrprogramm, das an ein „aufgeblähtes Parteilehrjahr" erinnere. Was der Journalismus brauche, um Wirklichkeit abbilden und gestalten zu können, sei unter anderem Fachwissen. Der künftige Journalist solle deshalb ein Fach wie Germanistik, Geschichte oder Wirtschaft studieren, um im Anschluß Vorlesungen eines Publizistik-Institutes zu besuchen.

Natürlich wurden diese Vorschläge empört zurückgewiesen, die Absender des Schreibens gerieten in Verdacht, einer „konterrevolutionäre Plattform" anzugehören und wurden gemaßregelt. Die journalistische Ausbildung in Leipzig ging ihren vorgegebenen sozialistischen Gang, die Bezeichnung „Rotes Kloster" für diese Fakultät war jahrzehntelang ein spöttisches, aber zutreffendes Attribut.[1]

Bild oben/unten:
Szenen aus der Rundfunkschule
Archiv: Hagen Pfau

[1] Brigitte Klump, Das rote Kloster, Hamburg 1978

Vom Kofferstudio zum Mediencenter

Vom Kofferstudio zum Mediencenter
Die Entwicklung der Studios Gera und Suhl

Nachdem 1952 das Thüringer Eigenprogramm des Landessenders Weimar eingestellt worden war und das Studio in Erfurt eine Leitfunktion für die nunmehrigen Bezirke Erfurt, Gera und Suhl übernommen hatte, wurden Studios in Suhl und Gera eingerichtet.

Angelika Lehmann am Historischen Mexiko-empfänger – Studio Gera – 80er Jahre
Foto: MDR

Das Studio Suhl

Am 1. November 1952 nahm das Studio in Suhl seinen Betrieb auf. Das Gebäude befand sich außerhalb der Stadt, es handelte sich um ein Holzhaus an einem Berghang (dem sogenannten Sehmar). Insgesamt standen auf zwei Etagen vier Räume zur Verfügung. Einen Telefonanschluß gab es nicht, die Strom- und Wasserversorgungsleitungen waren stark sanierungsbedürftig. Die Einrichtung des Studios begann am 22. Oktober 1952, Möbel und Technik waren beim Landessender Weimar reichlich vorhanden, da dessen Auflösung in vollem Gange war. Auch Personal stand nach der Auflösung des Landessenders in Weimar zur Verfügung, allein sieben Techniker bedienten das kleine Studio für die Beitragsproduktion oder bei Live-Schaltungen. Am 30. Dezember 1952 wurde das Studio an die Leitungen der Deutschen Post angeschlossen. Nunmehr war es möglich, Beiträge zu überspielen, die für die Programme von Berlin I, II und III in der Hauptstadt der DDR benötigt wurden.

Kopfzerbrechen bereitete das Beziehen einer genauen Uhrzeit. Da keine „Mutteruhr" mit hoher Ganggenauigkeit vorhanden war und Funkuhren noch nicht existierten, wurde der erforderliche Uhrenimpuls vom VEB Simson Suhl bezogen. Die Stromversorgung blieb allerdings ein Problem. Immer wieder kam es zu Stromabschaltungen. Trotzdem wurden monatlich rund fünfzehn bis zwanzig Beiträge aus der – wie es nach der Gründung des Bezirkes Suhl immer wieder trotzig-scherzhaft hieß – „Autonomen Gebirgsrepublik Suhl" für die Berliner Programme angefertigt und zehn bis fünfzehn weitere für die Eigensendung am Dienstagabend.

Angetrieben wurden die Mitarbeiter des Studios in Suhl, ebenso die des Studios Gera, durch ein ehrgeiziges Ziel: seit 1953 gab es eine Konzeption des Staatlichen Komitees für Rundfunk, in Suhl und in Gera eigene Programme zu entwickeln. Auch den SED-Bezirksleitungen in Suhl und Gera gefiel diese Idee gut, eigene Programme für ihre Bezirke,

Das Studio Suhl am „Sehmar" (1953)
Foto: MDR

noch dazu in den Bezirkshauptstädten, wo auch die SED-Territorialfürsten regierten, einzurichten. Das eröffnete verlockende Möglichkeiten der Einflußnahme, um den jeweiligen Bezirk gegenüber der Berliner Zentralregierung vorteilhaft darzustellen und dem Personenkult zu frönen, der auch nach Stalins Tod keineswegs abgeschafft wurde, sondern bis zum Untergang der DDR besonders im SED-Hauptblatt „Neues Deutschland" weiter blühte, wenn in einer Ausgabe beispielsweise Staats- und Regierungschef Erich Honecker mit neunundzwanzig Fotos bei einem Messerundgang in Leipzig abgebildet wurde.

Auch die SED-Territorialfürsten träumten von einem weiteren Medium, das ihnen zur Selbstdarstellung zur Verfügung stand und das, anders als die Bezirkszeitungen der SED, ein großes und sogar grenzüberschreitendes Verbreitungsgebiet besaß.

Durch den Rundfunk hatte die Idee „Thüringen" Bestand

Eigenprogramme für die Bezirke Gera und Suhl – das hätte auch den Nachvollzug der Verwaltungsreform mit Bezirksgründungen bedeutet. Denn trotz Auflösung der Verwaltungseinheit von Thüringen wurde bis 1952 und wieder ab 1955 aus dem Funkhaus in Weimar gesendet – der Landeshauptstadt bis 1952, danach mit dem Zusatz ehemalig.

Lange Zeit – von 1955 bis 1990 – war es das Radioprogramm aus Weimar für ganz Thüringen, das trotz aller Anfechtungen die „Idee Thüringen" aufrechterhielt und damit einen ganz wesentlichen Beitrag für die Identität leistete. Denn wie keine andere Institution in dieser historischen Landschaft trotzte das Programm aus Weimar mit Berichten, die weiterhin ganz Thüringen betrafen, den Zerlegungsversuchen der DDR-Regierung, das historische Bewußtsein durch andere Strukturen allmählich auszulöschen. Hier lassen sich auch Parallelen zum Versuch ziehen, das Bewußtsein, Deutscher zu sein, durch eine eigene DDR-Identität zu ersetzen. Beide Versuche scheiterten schließlich.

Indem das Funkhaus in Weimar blieb und ab 1955 auch wieder ein Gemeinschaftsprogramm für die Bezirke Erfurt, Gera und Suhl sendete – also im wesentlichen für das historische Thüringen –: Auf diese Weise hat der Rundfunk die Identität des Territoriums Thüringen bewahrt und gerettet. Das ist eine Tatsache, die bisher noch niemand gewürdigt hat.

Studiogründungen, aber ohne Eigenprogramme für die drei Bezirke, das war eine gute und auch reichlich ausgenutzte Basis für den Identitätserhalt Gesamt-Thüringens durch das Radio. Auch wenn „Thüringen" – bedingt durch widrige politische Umstände – Jahrzehnte nur ein Symbol ohne Hoffnung auf politische Wirklichkeit war, gilt auch hier: Im Anfang war das Wort. Aus dem Wort Thüringen ist dann tatsächlich wieder die politische Wirklichkeit Thüringen geworden.

Trotz der Bezirksgründungen haben sich die Verwaltungseinheiten Erfurt, Gera und Suhl nicht verselbständigt.

Das Studio Suhl, Otto-Nuschke-Str. 5 (seit 1954)
Foto: MDR

Umzug des Studios Suhl

Das Haus in Suhl machte unterdessen nach wie vor Sorgen. Die Dielen knarrten, und die Wände waren so dünn, daß bei Studioaufnahmen keine Schreibmaschine benutzt werden durfte. Bei der Eigensendung am Dienstagabend dürfte manches Niesen und Telefonklingeln mit über den Sender gegangen sein.

Kurzum: Das Studiogebäude war auf Dauer für diesen Zweck nicht geeignet. 1954 wurde dann ein Gebäude gefunden, das den Mindestanforderungen genügte. Die Umbauarbeiten des Hauses in der Otto-Nuschke-Straße 5, der heutigen Schleusinger Straße, begannen am 15. Juni 1954. Bereits im September zogen die Mitarbeiter in das neue Haus ein. Was allerdings nicht bedeutete, daß das Haus fertig war – die chronische Materialknappheit in der DDR verursachte eine Bauzeit bis zum Jahr 1957.

Im neuen Studio gab es einen Sprecherraum, ein Aufnahmestudio, einen Technik- und einen Cutterraum sowie ein technisches Büro und fünf Redaktionsräume. Mit Wiederaufnahme des Thüringer Eigenprogramms in Weimar im September 1955 büßte das Studio Suhl an Bedeutung ein. Die eigene Sendung wurde eingestellt; in der Hoffnung auf Eigenständigkeit war die Dienstagabend-Sendung nicht nur über das Programm in Berlin ausgestrahlt worden, sondern teilweise gleichzeitig auf einer 5 kW-Mittelwellen-Frequenz über den Strahler Wachenbrunn. Damit war es vorerst vorbei. Das Studio Suhl lieferte nun Sendebeiträge aus dem Bezirk Suhl für das Funkhaus Weimar.

Die Personalstärke wurde auf einen Techniker und einen Redakteur reduziert, der vorhandene Übertragungswagen 1957 an das Studio Gera abgegeben. Für Außenreportagen stand lediglich ein Reportergerät vom Typ R 26 zur Verfügung.

Doch das Strukturtief war bald überwunden. Bereits im Oktober 1958 hatte das Studio Suhl wieder eine eigene Sendung, den „Suhler Bezirksreporter". Täglich lief diese Magazinsendung über den Strahler Wachenbrunn, zusätzlich wurde sie an Werktagen zwischen 17.40 und 18.00 Uhr im Gesamtprogramm des Senders Weimar, der nun nicht mehr „Landessender" hieß und heißen durfte, obwohl er es nach wie vor war, ausgestrahlt. Am Sonntag zwischen 7.30 und 8.30 Uhr gab es aus Suhl eine Heimatsendung, „Zwischen Wartburg und Frankenwald".

Endgültig endeten die ehrgeizigen Versuche für ein autonomes Programm aus dem Studio Suhl – über Mittelwelle jahrelang betrieben – am 1. Februar 1963. Zum einen wurden redaktionelle Leistungen der Suhler Kollegen in der Weimarer „Zentrale" häufig für unzulänglich befunden. Die Ablehnung von Sendungen und der instabile Empfang des Mittelwellen-Programms zum anderen – die Leistung des Strahlers Wachenbrunn reichte nicht einmal zur Versorgung des kleinen Bezirkes Suhl – führten zur Einstellung der Eigensendungen aus dem Studio Suhl. Die Mitarbeiterzahl wurde wieder reduziert, das Studio Suhl erneut Zulieferer für das Funkhaus Weimar, und weitere Versuche, ein Eigenprogramm aufzunehmen, hat es nicht gegeben.

Das Studio Gera

Auch das Studio in Gera – am 1. September 1952 gegründet, am 2. Dezember in Betrieb genommen – wurde mit Möbeln und Technik des aufgelösten Landessenders Weimar versorgt.

Ein geeignetes Gebäude fand sich bis 1959 nicht, sieben Jahre war das Studio Gera in einem Provisorium in der Dimitroff-Allee (Am Mühlgraben) untergebracht. Anfangs waren auch hier keine Leitungen vorhanden, um Beiträge aus dem Bezirk Gera nach Berlin zu überspielen. Das geschah von Weimar aus.

Studio Gera, Julius-Sturm-Str. 6, ab 1960, Südwest-Seite
Foto: MDR

Nach dem Eintreffen von Möbeln und Technik am 2. Dezember 1952 wurden Technik- und Redaktionsräume eingerichtet. Ähnlich wie das Studio Suhl beteiligte sich auch das Studio Gera mit einer eigenen Sendung am Berliner Programm (am Donnerstagabend) und produzierte zweimal wöchentlich ein eigenes Programm, das über den Mittelwellensender in Erfurt ausgestrahlt wurde. Dieses Programm hatte einen großen Nachteil: Man konnte es in Gera nicht empfangen. Darum wurde das Programm unter dem Titel „Der Geraer Bezirksreporter" nach einiger Zeit über den Mittelwellensender Dresden ausgestrahlt.

Durch ein Hochwasser am 12. Juli 1954 wurde das Gebäude des Studios Gera stark in Mitleidenschaft gezogen. Außerdem war auch für Gera weiterhin ein Vollprogramm im Gespräch, das künftig ebenfalls über UKW-Frequenzen übertragen werden sollte, was eine Erweiterung des Gebäudes nötig machte. Doch dieses war dafür ungeeignet. 1958 wurde eine Villa in der Julius-Sturm-Straße gefunden. Das Studio in einem Haus, das der Bauhaus-Künstler Thilo Schoder entworfen hatte, wurde am 12. Februar 1960 bezogen, drei Tage später arbeitete es bereits.

Themen der Geraer Beiträge waren beispielsweise die Textilindustrie der Region oder die Entwicklung des VEB Carl Zeiss Jena. Auch die Fußball-Oberliga-Mannschaft FC Carl Zeiss Jena spielte regelmäßig eine Rolle.

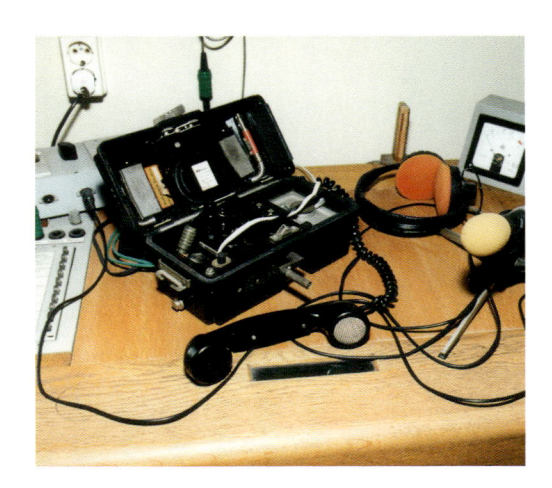

Historischer Mexikoempfänger, Studio Gera
Foto: MDR

Villa eines Bauhaus-Künstlers

Entstanden ist die Villa des Meisterschülers des Bauhauses, Thilo Schoder, in den zwanziger Jahren. Zuvor hatte der Schülder von Henry van de Velde Bucheinbände, Lampen, Silberschmuck und Batikstoffe entworfen. Mit der Villa Meyer setzte sich Thilo Schoder in Gera selbst ein Denkmal. Der rote Klinkerbau hat das für den Bauhaus-Stil charakteristische Flachdach, der Bau ist kubisch und funktional.

Thilo Schoder errichtete die Villa für den Direktor der Textilfirma Wilhelm Ernst Meyer in den Jahren 1925/26.

Das Studio Gera verließ im Jahr 2000 die Schoder-Villa in der Julius-Sturm-Straße 6 nach zweiundvierzig Jahren. Das historisch wertvolle Gebäude und Baudenkmal wurde an die Alteigentümer zurückgegeben, die Restitutionsansprüche geltend gemacht hatten.

Geraer Eigenprogramm auf UKW

Bis Mitte Juni 1960 blieb das Studio Gera Zulieferer für die Programme in Weimar und Berlin. Vom 14. Juni 1960 bis zum Mai 1962 konnten die Geraer Studiomitarbeiter sich über eine eigene Sendung freuen, die, anders als im Studio Suhl, bereits über eine UKW-Frequenz ausgestrahlt wurde, über den Strahler Katzenstein. Gedacht natürlich als Keimzelle eines künftigen eigenen Programms.

Jeweils dienstags und freitags hieß es „Rund um das Hermsdorfer Kreuz". Doch 1963 wurden wie im Studio Suhl die Eigensendungen eingestellt und lebten kurzzeitig und befristet nur noch einmal auf, als 1964 die Arbeiterfestspiele in Gera stattfanden.

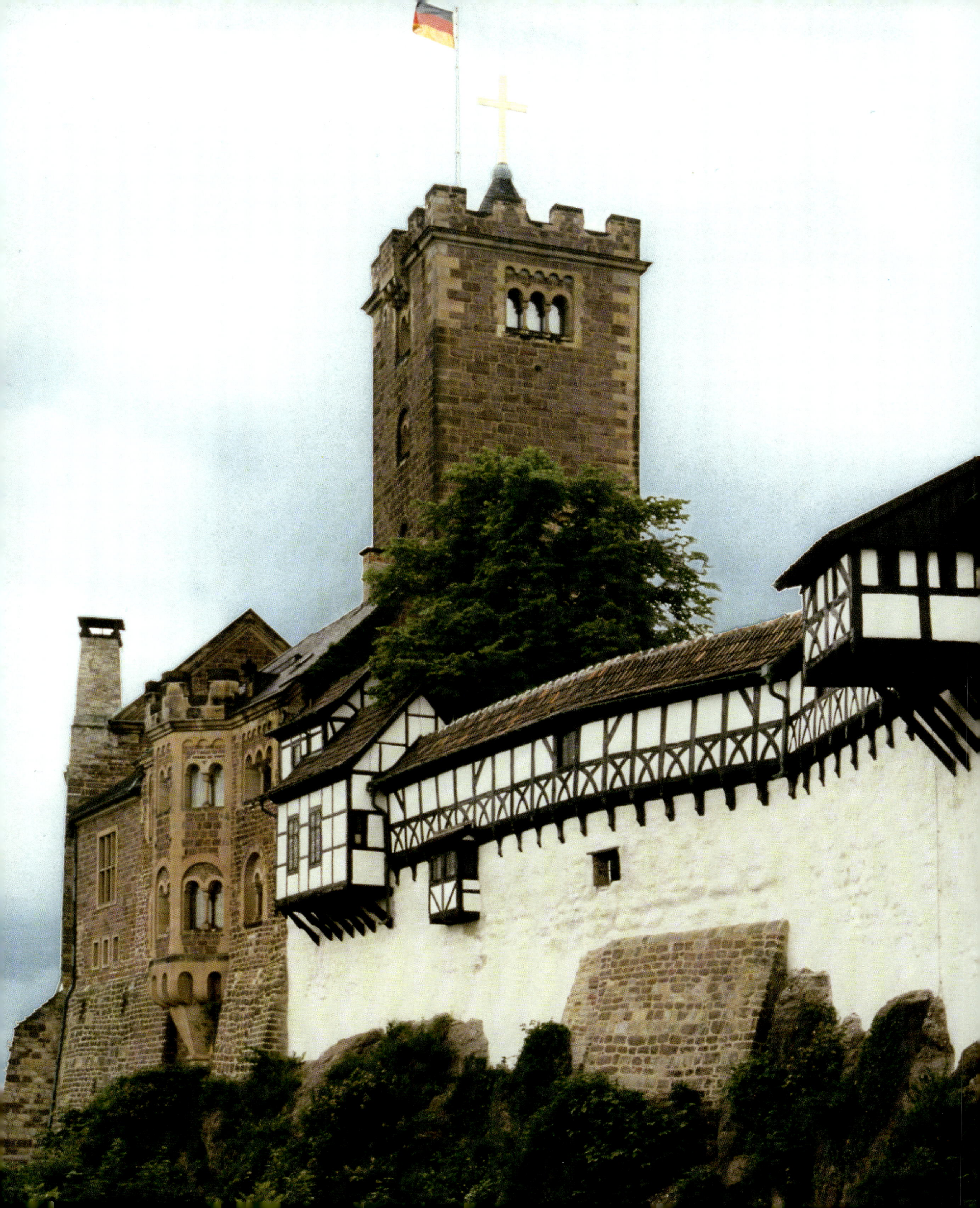

Radio aus dem Ritterbad – das Studio auf der Wartburg

Bild links:
Die Wartburg zu Eisenach
Foto: Helma Trefz, Thüringisches Landesamt für Denkmalpflege

Mehrmals im Jahr machte sich ab 1958 ein Technik-Troß aus dem Funkhaus Weimar auf den Weg zur Wartburg in Eisenach. Die Kollegen vom Berliner „Deutschlandsender", später „Stimme der DDR", baten die Weimarer Studiotechniker regelmäßig um Amtshilfe für die Live-Übertragung der „Wartburgkonzerte" – eine Konzertreihe, die heute noch existiert, allerdings nun von DeutschlandRadio Berlin und MDR KULTUR übertragen wird.

1958 – das erste Wartburgkonzert findet trotz Hindernissen statt

Das erste Wartburgkonzert hatte am 21. Juni 1958 mit dem Dresdner Kammerorchester unter Leitung von Lovro von Matacic stattgefunden. Fast hätte das Konzert ausfallen müssen, denn der Bus mit den Musikern hatte auf der Autobahn bei Glauchau eine Panne: Ein Radlager war heißgelaufen. Dennoch kam das Orchester rechtzeitig in Eisenach an.
Um 19.30 Uhr waren alle fünfhundertfünfzig Plätze im Festsaal besetzt, und die Gäste im Palas und an den Radiogeräten konnten sich an folgendem Programm erfreuen: Johann Sebastian Bach, Ouvertüre in h-Moll, Kaffee-Kantate und das 2. Brandenburgische Konzert. Solisten des Abends waren Sonja Schöner und Herbert Rößler von der Komischen Oper Berlin, Gert Lutze, ein Evangelistentenor aus Leipzig, und Immanuel Lucchesi, Soloflötist der Dresdner Staatskapelle. Die Musik von Johann Sebastian Bach, des in Eisenach geborenen Musikers, war übrigens immer ein Schwerpunkt in der Konzertplanung.
Der technische Kraftaufwand war allerdings jedes Mal enorm, trotzdem blieb es für mehr als ein Jahrzehnt bei dieser Variante. Das änderte sich erst im Jahr 1967, als die Wartburgstiftung im Zuge des Jubiläums „900 Jahre Wartburg" einen Raum für die Einrichtung eines Studios anbot. Das „Ritterbad" in der Nähe des Palas der Wartburg wurde die erste Heimstatt des Studios. Die Bedingungen waren denkbar ungünstig. Da das Ritterbad nicht beheizbar war, mußte eine technische Lösung gefunden werden, das Studio zu jeder Zeit ausbauen zu können. Die Technik konnte nur während der Saison von Mai bis Oktober im Studio bleiben. Allerdings wurden vom Studio zum Palas feste Leitungen verlegt.
Wurden die Wartburgkonzerte zunächst in Mono-Qualität übertragen, so änderte sich das in den siebziger Jahren; die Wartburgkonzerte wurden nun in Stereo ausgestrahlt und die Technik durch eine stereotüchtige Regieeinrichtung ergänzt.

Programmankündigung des 26. Jahrganges der Wartburgkonzerte
Archiv: Dr. Unger

Klaus Horn, Rainer Hißbach und Gunter Möller beim Einbau des Studios 1987
Foto: privat

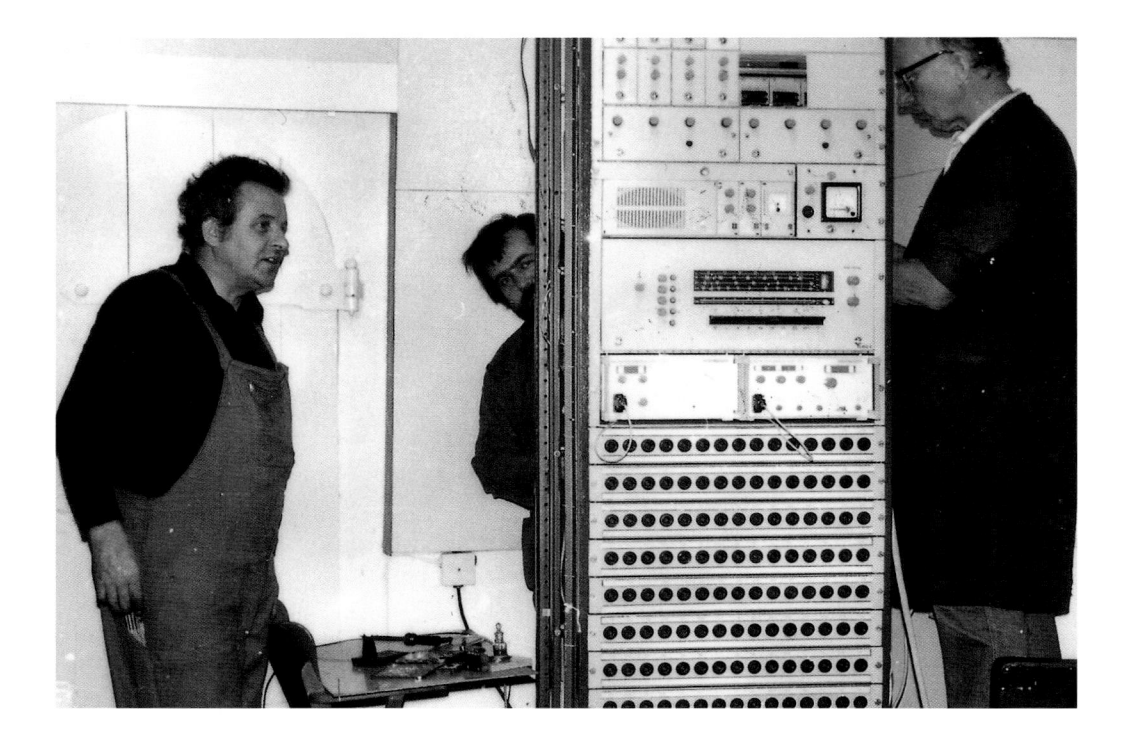

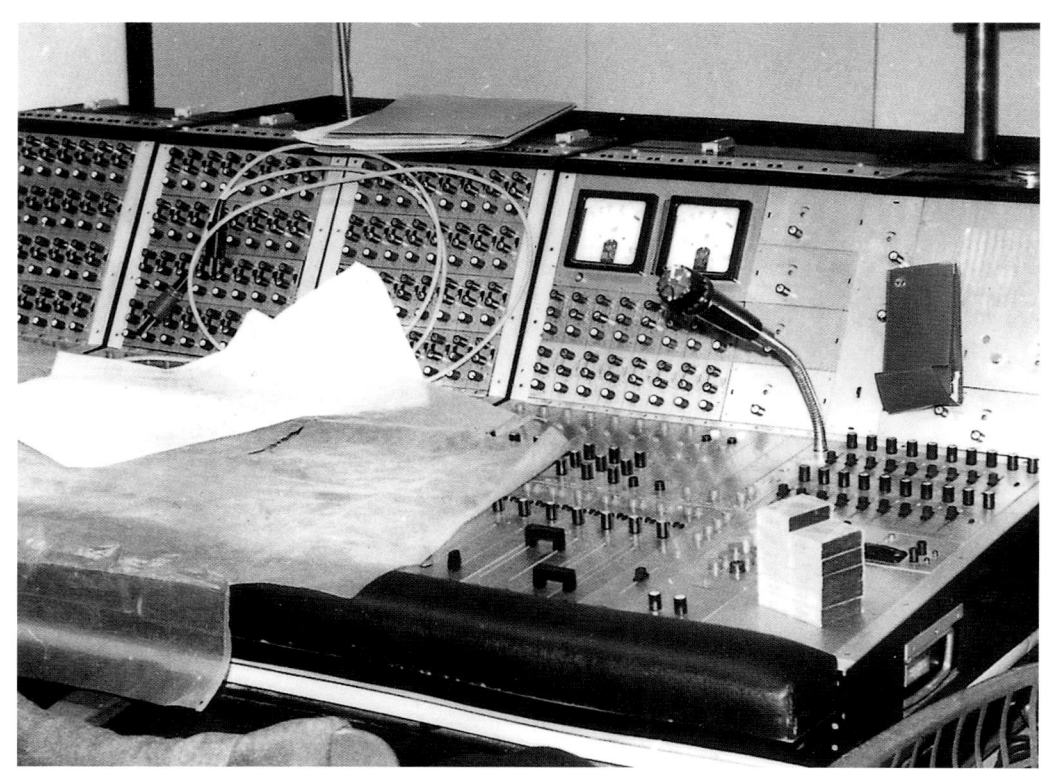

Doch auch die Touristenattraktion Wartburg entwickelte sich weiter. Es begann eine großangelegte Rekonstruktion, die auch dazu diente, Besuchern bisher verschlossene Räume wie das Ritterbad zugänglich zu machen.

Das Studio wurde in den Turm zum Durchgang in den Innenhof der Burg verlegt, wo es sich auch heute noch befindet. Ein „Neuererkollektiv" befaßte sich 1986/87 mit dem Umbau dieses Raumes zu einem Studio. Zwar blieb es beim Studiobetrieb für Übertragungen und Aufzeichnungen im Zeitraum Mai bis Oktober, aber da das neue Studio beheizbar war, erübrigte sich der Technikausbau in den Wintermonaten. Zunächst mußte die Raumhöhe verringert werden, Decken und Wände wurden zur Verbesserung der Akustik verkleidet. Zu den technischen Neuerungen gehörte eine Regieanlage, die vierundzwanzig Mikrophoneingänge besaß, die auch getrennt bezüglich Richtungswahl, Klangbeeinflussung und Verhallung bearbeitet werden konnten. Vom Klavierkonzert bis zur Kantate, für jedes musikalische Genre, für große und kleine Konzerte war es nun möglich, den Klang optimal zu gestalten. Aber auch für andere Veranstaltungen wurde und wird das Studio auf der Wartburg genutzt. Sei es die Verleihung der Wartburg-Preise oder der Besuch eines Staatsgastes, der – wie beispielsweise Bill Clinton 1998 – der Burg seine Aufwartung machte.

Das neue Studio auf der Wartburg zu Eisenach 1987
Foto: privat

Sa 19.30 STIMME DER DDR

Wartburgk

Vom Kofferstudio zum Mediencenter

Konzert auf der Wartburg 1983
Ankündigung in der „FF Dabei"
Archiv: Dr. Unger

Vom Kofferstudio zum Mediencenter

Der weite Weg in die Region – wie das Fernsehen nach Thüringen kam

Bild links:
„Aktuelle Kamera"
Aus: „5 Jahre Deutscher Fernsehfunk" (1957)
Archiv: Hagen Pfau

Es vergingen genau dreißig Jahre seit den ersten Versuchen Manfred von Ardennes mit einer Braunschen Röhre zur Erzeugung von Halbtonbildern im Jahr 1930, bis das Fernsehen im Jahr 1960 ein eigenes Studio in Thüringen eröffnete und damit zum ersten Mal in der Region angekommen war.

Die ersten Fernseh-Versuche in Deutschland

In Berlin-Witzleben wurden 1934 die ersten Versuchssendungen mit einer sogenannten Nipkow-Scheibe aufgenommen. Paul Nipkow war der Entdecker der Bildauflösung in Punkte und Zeilen, dem Prinzip des Fernsehens. Am 22. März 1935 begann in Berlin das erste regelmäßige Fernsehprogramm der Welt. 1938 wurde mittels Großprojektion Fernsehen auf der Berliner Funkausstellung erstmals einer größeren Öffentlichkeit vorgestellt. Doch als Medium der Massenkommunikation und damit auch als „Massenbeeinflussungsmittel", wie Joseph Goebbels 1933 den Hörfunk mit demagogischem Weitblick gefeiert hatte, war das Fernsehen der frühen Jahre ungeeignet. Technisch war es nun möglich, bewegte und unbewegte Bilder mit Begleitton drahtlos zu übertragen, doch es fehlte zum einen die Massenverbreitung, andererseits wurde der „größte Feldherr aller Zeiten" in den ersten Empfangsgeräten wieder zu einer kleinen Figur. „Das Bild des Führers in alle deutschen Herzen" zu tragen, dafür war das Fernsehen nicht tauglich.[1] Obwohl das Fernsehen von 1935 bis 1944 regelmäßige Programme ausstrahlte, blieb es ein Experiment.

1947 – der Fernsehwettlauf zwischen Ost und West beginnt

Wie schon der Hörfunk 1945 durch Befehl der sowjetischen Militärverwaltung wiedererstanden war, begannen auch die Vorbereitungen für den Aufbau eines Fernseh-Studiobetriebes auf Weisung der östlichen Besatzungsmacht. Das war im Jahr 1947. Erfahrungen fehlten, denn die meisten Programm-Mitarbeiter waren in die West-Zonen übergesiedelt, auch Projektierungsunterlagen hatten den gleichen Weg genommen.

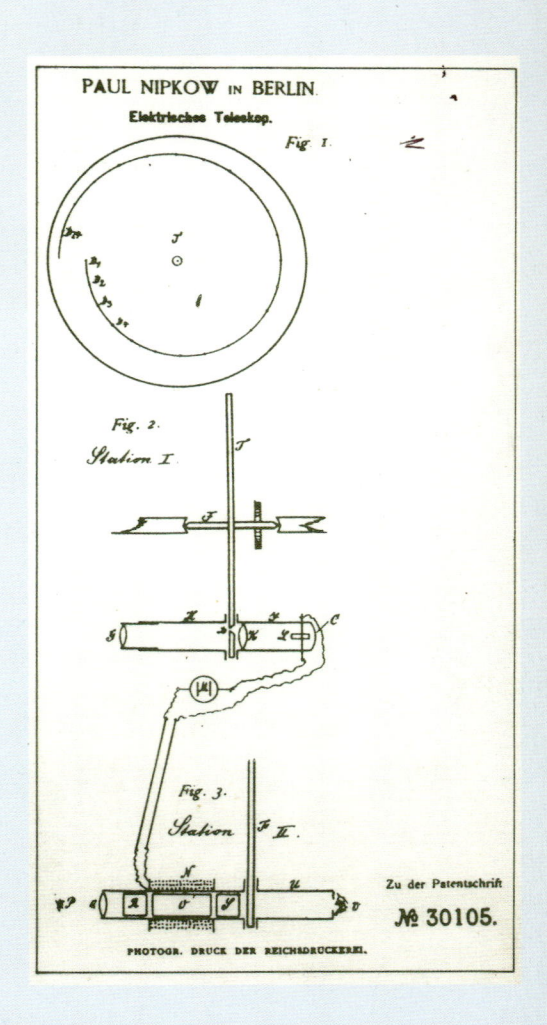

Zeichnung aus der Patentschrift von Paul Nipkow für die Nipkow-Scheibe 1883
Archiv: Hagen Pfau

Fernsehsendeanlage der Deutschen Reichspost in Witzleben
Aus: „Rundfunkjahrbuch 1932"
Archiv: Hagen Pfau

Währenddessen begannen auf dem Hamburger Heiliggeistfeld Fernsehversuche für den Nordwestdeutschen Rundfunk, Pioniere der Berliner Frühzeit wie der Regisseur Hanns Farenburg und der Sportreporter Hugo Murero hatten hier ein neues Tätigkeitsfeld gefunden.[2] Nach zweijähriger Vorbereitungszeit in Ost-Berlin beschloß 1949 die Deutsche Wirtschaftskommission die Einführung des Fernsehens in der sowjetischen Besatzungszone. Die Projektierung eines Fernsehzentrums wurde begonnen. Die Verantwortlichen dachten dabei aber nicht an Fernsehzuschauer, denn was Fernsehen war, ahnte damals noch niemand. Ehe es das Fernsehen überhaupt gab, war es schon zum Kriegsschauplatz geworden: Deutschland war geteilt, der „Westen" entwickelte ein eigenes Fernsehprogramm, und der „Osten" wollte dem nicht tatenlos zusehen.

Der „Kalte Krieg" würde künftig auch über die Fernsehbildschirme geführt, mit einiger Verspätung hatte das Fernsehen die Relevanz des Hörfunks erreicht. Schon bald würde es an Bedeutung über ihn hinauswachsen, hofften die DDR-Kommunikationsstrategen. „Das Fernsehen hat eine große Bedeutung im kulturellen Leben und eröffnet weitgehende Möglichkeiten zur ideologischen Erziehung der Bevölkerung. Das Fernsehen erfolgt mit der Schnelligkeit des Rundfunks, steigert aber dessen Wirkung dadurch, daß es den Zuschauer zum Augen- und Ohrenzeugen gesellschaftlicher, kultureller und sportlicher Ereignisse werden läßt."[3]

Von Anfang an erfüllte das Fernsehen in der DDR auch vordergründige politische, „agitatorische" Aufgaben, aus denen die Verantwortlichen auch keinen Hehl machten. Im Gegenteil. Das Verfolgen des „Westfernsehens" wurde sanktioniert, und FDJ-Brigaden zogen zu Beginn der sechziger Jahre von Haus zu Haus, um die Ausrichtung der Antennen zu kontrollieren. Viele Antennen von DDR-Rundfunkteilnehmern waren auf den westlichen Strahler „Ochsenkopf" ausgerichtet, um das entsprechende Fernsehprogramm empfangen zu können. Diese Antennen wurden durch die FDJ-Aktionisten abgesägt. An der Haustür wurden die Konsumenten des Westprogramms außerdem angeprangert. „In diesem Haus wohnt ein Ochsenkopf" lautete der Text eines Aufklebers.

1952 – Sendestart für die „Aktuelle Kamera"

> Ich möchte Ihnen nun zunächst eine Sendung vorstellen, die Ihnen gewiß schon ständiger Begleiter des täglichen Lebens geworden ist; die sich vorgenommen hat, für Sie alles das zu sehen, was Sie selbst nicht miterleben können: **Die Aktuelle Kamera.** Meist am Rande der großen Abendprogramme stehend, gibt sie den Blick frei in die weite Welt, berichtet von den bedeutendsten Ereignissen, wo immer sie auch geschehen. Stets bemüht, Sie schnell zu unterrichten, unterhält die Aktuelle Kamera Nachrichtenverbindungen zu allen Teilen der Erde, und ständig sind unsere Kameraleute unterwegs, um für Sie das pulsierende Leben in unserer Republik einzufangen.
>
> Im übrigen – Sie werden es schon bemerkt haben – sie erscheint jetzt täglich. Fast ist die Zeit schon vergessen, da sie – einer Wochenschau ähnlich – zweimal wöchentlich zu sehen war.

Aus: „5 Jahre Deutscher Fernsehfunk" (1957)
Archiv: Hagen Pfau

Während der Nordwestdeutsche Rundfunk in Hamburg bereits ab Juli 1950 ein Versuchsprogramm ausstrahlte, war in Ost-Berlin gerade einmal der Grundstein für das Studiogebäude gelegt und am 17. Juli 1951 Richtfest gefeiert worden. Der westliche Druck war enorm, und Generalintendant Kurt Heiß wies an: „Wir müssen morgen anfangen zu senden, so als ob wir ein richtiges Programm haben."[4] Das war am 3. Juni 1952. Der Nordwestdeutsche Rundfunk hatte am 1. Oktober 1951 anläßlich der „Deutschen Industrieausstellung" mit dem Fernsehbetrieb begonnen.
„Wir müssen jetzt jeden Tag mit mehr als einer halben Stunde ‚draußen' sein zu einer feststehenden Zeit", so Heiß in Ost-Berlin.[5]
Unter diesen denkwürdigen Umständen entstand die „Aktuelle Kamera", die Hauptnachrichtensendung des DDR-Fernsehens. Die Mindestlänge betrug in der Anfangszeit zehn Minuten, gesendet wurden zunächst Fotonachrichten. Die Bilder lieferte Erich Zülsdorf, Fotoreporter der „Täglichen Rundschau". Die erste Fotonachricht war ein Bild des Funkhauses in der Berliner Masurenallee, das britische Soldaten blockierten.[6]
Die Rundfunksituation im Berlin der unmittelbaren Nachkriegsjahre war nämlich kurios: Die Redaktions- und Senderäume des „Berliner Rundfunks", der der sowjetischen Besatzungsmacht unterstand, befanden sich in der Masurenallee, die zum britischen Sektor gehörte. Daraus ergaben sich die nachfolgenden Verwicklungen. Im Funkhaus befand sich eine Ost-Berliner Hörfunk-Redaktion, die bezeichnenderweise von Karl Eduard von Schnitzler angeführt wurde, der auch von Zeit zu Zeit vor der Tür zu Verhandlungen mit Vertretern der britischen Militärverwaltung erschien.
Schon seit Mai 1945 arbeitete in der Masurenallee die Redaktion des (Ost)-„Berliner Rundfunks". Die Briten wollten mit der Blockade den Auszug der Journalisten erreichen, was auf friedlichem Weg auch gelang. Der „Berliner Rundfunk" zog schließlich 1952 nach Berlin-Grünau im sowjetischen Sektor um, die bislang dort ansässige Rundfunkschule wurde nach Weimar verlegt.

1. Dezember 1952 – der offizielle Start des DDR-Fernsehens

Das magere Fernsehprogramm wurde im Jahr 1952 vor allem durch Kinofilme angereichert. Aber Zuschauer gab es ohnehin keine. Das änderte sich auch nicht, als am 21. Dezember 1952 – Stalins 73. Geburtstag – das Versuchsprogramm offiziell begann. Am ersten Sendetag stellte der Film „Fernsehen aus der Nähe betrachtet" die Studios in Adlershof vor. Zu diesem Zeitpunkt war das Fernsehen noch weit von seiner künftigen Massenverbreitung entfernt. Der Zuschauerkreis war so klein, daß die Studiomitarbeiter ihre Zuschauer anriefen, wenn wegen technischer Probleme oder eines Gewitters Sendungen ausfielen. Die Journalisten teilten ihren Zuschauern den fernsehfreien Abend persönlich mit.[7]

Gesendet wurde vor allem live. Das heißt, auch Fernsehspiele und Opern waren keine Aufzeichnungen mit allen technischen Raffinessen, sondern sie wurden vor der Kamera improvisiert, so zum Beispiel bei einer Inszenierung der Oper „Boris Godunow", für die in den Müggelbergen bei Berlin mit sechs Kleindarstellern „Massenszenen" entstanden.

Wurden die ersten Fernsehspiele noch in einem kleinen Ansagestudio produziert, so änderte sich das am 25. Juli 1956. Das mehr als sechshundert Quadratmeter große Studio IV ging in Betrieb. Rund einhundertdreißig dramatische Fernsehsendungen jährlich entstanden hier, im Durchschnitt zwei pro Woche. Auch sie wurden live gesendet und die Erstsendung für spätere Ausstrahlungen aufgezeichnet. Diese Fernsehspiele waren sehr beliebt, einige von ihnen wurden zu „Straßenfegern", wenn Millionen Menschen die Produktionen vor dem heimischen Bildschirm verfolgten.

Fernsehversuchsprogramm aus Berlin (1954)

Archiv: Hagen Pfau

Das Fernsehen geht unters Volk – Studios für die Bezirksstädte

Aber das Fernsehen wollte nicht nur unterhalten, sondern auch erziehen und die Erfolge des wirtschaftlichen Aufbaus in der DDR propagieren. „Fernsehen – Spiegel des Lebens" hieß das in den Worten des Intendanten Heinz Adameck vom Dezember 1962.[8] Um das Leben widerzuspiegeln, mußten die Verantwortlichen schnellstens etwas gegen die Berlin-Fixierung ihres Programmes tun. Aus den seit 1952 bestehenden Bezirken berichteten bereits seit 1955 wieder Regionalsender des Hörfunks, nur das Fernsehen war noch nicht in der Region angekommen und besaß keine eigenen Studios in den Bezirken der DDR. Für Thüringen änderte sich dieser Zustand am 1. Dezember 1960: Im „Haus der Presse" am Erfurter Dalbergsweg 1 wurde ein Fernsehstudio für die Bezirke Erfurt, Gera und Suhl eröffnet. „Das Studio wird in Wort und Bild aus den Thüringer Bezirken für die ‚Aktuelle Kamera' und für die Abteilung Außenpolitik berichten, aber keine Direktübertragun-

Fernsehstudio für Thüringer Bezirke
Ab 1. Dezember 1960 nimmt es seine Tätigkeit in Erfurt auf

Erfurt (TT). Am 1. Dezember 1960 nimmt im Erfurter Haus der Presse ein Fernsehstudio für die drei Thüringer Bezirke Erfurt, Gera und Suhl seine Tätigkeit auf. Das Studio wird in Bild und Wort aus den Thüringer Bezirken für die „Aktuelle Kamera" und für die Abteilung Außenpolitik berichten, aber keine Direktübertragungen durchführen. Diese Mitteilung wurde in einer Pressekonferenz in Erfurt gemacht, in der das Mitglied des Kollegiums des Deutschen Fernsehfunks, Frau Ellroth, über das Herbst- und Winterprogramm 1960/61 des Deutschen Fernsehfunks berichtete.

Interessant war auch die Mitteilung, daß in der DDR in Kürze der millionste Fernsehgerätebesitzer erwartet wird. Ihm steht eine besondere Ueberraschung seitens des Deutschen Fernsehfunks bevor. Die Zahl der Fernsehteilnehmer in der Westzone beträgt 1,5 Millionen. Gemessen an den Bevölkerungszahlen, hat die DDR die Westzone damit eindeutig überflügelt. Mit einer wöchentlichen Sendezeit von 65 Stunden hält das Fernsehen der DDR die Weltspitze, und es wird bestrebt sein, die Weltspitze auch weiterhin zu halten.

Große Bemühungen unternimmt das Kollektiv des Deutschen Fernsehfunks, seine Sendungen interessant, vielseitig und niveauvoll zu gestalten. Tausende Zuschriften, darunter viele aus Westdeutschland, bestätigen, daß diesen Bemühungen der Erfolg nicht versagt ist. Zu den Bestrebungen, den Fernsehteilnehmern der DDR in jeder Hinsicht das Beste zu bieten, gehören auch die umfangreichen technischen Maßnahmen, die darauf abzielen, in allen Teilen der DDR einen einwandfreien Empfang der Sendungen des Deutschen Fernsehfunks zu gewährleisten.

„Thüringer Tageblatt"
Bericht vom 18. November 1960
Archiv: Zeitungsausschnitt-Dienst im VEB Deutscher Zentralverlag

gen durchführen", informierte das „Thüringer Tageblatt" seine Leser.[9] In einer Pressekonferenz stellte die ehemalige Intendantin des Landessenders Weimar und nunmehrige Mitarbeiterin des Deutschen Fernsehfunks, Käthe Ellrodt, das Studio vor. „Große Bemühungen unternimmt das Kollektiv des Deutschen Fernsehfunks, seine Sendungen interessant, vielseitig und niveauvoll zu gestalten", versicherte sie.[10]

Die Einrichtung eines ständigen Thüringer Fernsehstudios in Erfurt war der Auftakt für die Gründung weiterer Studios in Suhl und Gera in den siebziger Jahren. Aber nicht nur in Thüringen wurden zu Beginn der siebziger Jahre Korrespondentenbüros eingerichtet, sondern auch in Dresden, Karl-Marx-Stadt und Leipzig entstanden, soweit nicht schon vorhanden, Außenstellen der Zentrale in Adlershof. Heimliches Ziel der Dezentralisierung war die Einrichtung eines Südfernsehzentrums für die DDR mit Sitz in Dresden. Doch 1974 stoppte Partei- und Staatschef Erich Honecker diese föderalistischen Bestrebungen, und der zentralistische Alltag kehrte wieder ein. Es blieb alles beim alten, Thüringen behielt seine Korrespondentenplätze, von denen auch Beiträge nach Adlershof geliefert wurden, vor allem für die „Aktuelle Kamera". Gera erhielt 1972 einen Korrespondentenplatz, erster Studioleiter wurde Erich Schmidt, dem einige Jahre später Joachim Bardohn folgte. Auch in Suhl wurde ein Studio eingerichtet, hier arbeitete Heidi Hasse, aus Erfurt versorgte Hans-Joachim Dufft die „Aktuelle Kamera". 1979 war die Einrichtung von Korrespondentenplätzen in Thüringen abgeschlossen.

Der „Presseklub" in Erfurt, seit 1960 (damals „Haus der Presse") auch Sitz des ersten Fernsehstudios in Thüringen
Foto: Stadtarchiv Erfurt

Wirtschaftsfleiß in den „Bratwurstbezirken"

Wie Joachim Bardohn sich erinnert, galten die Thüringer Bezirke in den siebziger Jahren der Zentrale in Adlershof als Provinz. Sogar von „Bratwurstbezirken" war in Berlin die Rede. Zumindest offiziell wurde diese Berliner Ansicht mit der Einrichtung von Korrespondentenplätzen korrigiert. Gera hatte nun die Gelegenheit, sich als erfolgreicher Industrie-Bezirk darzustellen. Mit dem Kombinat Carl Zeiss Jena besaß der Bezirk Gera einen Vorzeigebetrieb, der unter Leitung von Wolfgang Biermann auch ein gefragter Handelspartner im Westen war und deshalb regelmäßig in der „Aktuellen Kamera" auftauchte. In und um Gera florierte die Textilindustrie, und mit den Arbeiterfestspielen 1978 machte die Stadt zumindest innerhalb der DDR von sich reden.

Der Bezirk Erfurt besaß mit dem Kombinat Mikroelektronik ebenfalls einen Betrieb, den herauszustellen sich für die „Aktuelle Kamera" lohnte. Weitere Themen waren der Erfurter Gartenbau und die Klassikerstadt Weimar, wo beispielsweise 1982 der 150. Todestag Johann Wolfgang von Goethes medienwirksam begangen wurde. Im Deutschen Nationaltheater fand ein Festakt statt, ein paar Meter weiter, am Frauenplan, wurde die neue Dauerausstellung zu Leben und Werk Johann Wolfgang von Goethes eröffnet, die erst am 1. Mai 1999 – zehn Jahre nach der Wende – durch eine Neugestaltung ersetzt wurde.

Der Bezirk Suhl interessierte die Fernsehjournalisten aus Adlershof vor allem als Landwirtschafts- und Tourismus-Region. Denn man darf nicht vergessen, daß vor dem Mauerfall Thüringen neben der Ostsee die wichtigste inländische Urlaubsregion war. Viele DDR-Betriebe unterhielten in Thüringen Ferienheime und Ferienlager, ein Ferienplatz in Thüringen war – allerdings auch wegen der fehlenden Reisefreiheit – bei vielen DDR-Bürgern sehr begehrt.

Nicht zuletzt war Thüringen auch für die Staatsführung ein klangvoller Name. Walter Ulbricht machte regelmäßig in Oberhof Urlaub und besuchte Veranstaltungen mit Herbert Roth, sein Nachfolger Erich Honecker liebte ebenfalls die Musik und ließ in Thüringen zur Jagd blasen. Jahr für Jahr wurde das Diplomatische Korps zur Hasenjagd in den Bezirk Erfurt eingeladen. Und regelmäßig wurde in der „Aktuellen Kamera" darüber berichtet, wie auch über den Besuch von Willy Brandt in Erfurt am 19. März 1970. Aber anläßlich dieses Besuches waren nicht die jubelnden Erfurter zu sehen, die Willy Brandt hoffnungsvoll begrüßten, sondern die griesgrämigen Gesichter eilig herbeigeschaffter Kursteilnehmer der Parteischule, die ihren matten Spruch „Hoch, hoch Willi Stoph" auch noch von einem Zettel ablesen mußten.

[1] Peter Hoff, Die Stunde Null, in: „Neues Deutschland" vom 7./8. Dezember 1991

[2] Ebenda

[3] Stichwort „Fernsehen", in Meyers Neues Lexikon, Leipzig 1962, S. 193

[4] Peter Hoff, Zu „Väterchens" Geburtstag, in: „Neues Deutschland" vom 9. Dezember 1991

[5] Ebenda

[6] Ebenda

[7] Peter Hoff, „...aber dürfen darfste alles", in: „Neues Deutschland" vom 11. Dezember 1991

[8] Heinz Adameck, „Fernssehen – Spiegel des Lebens", in: „FF – Funk und Fernsehen der DDR", Nr. 50/1962

[9] Fernsehstudio für Thüringer Bezirke, in: „Thüringer Tageblatt" vom 18. November 1960

[10] Ebenda

Di 19.00 RADIO DDR II

Weimarer Abend

»Karl Stadelmann aus Jena, Großherzogtum Sachsen-Weimar, ehemals Kämmerer bei Exzellenz von Goethe« – mit diesen Worten stellt er sich vor. Goethe hatte ihn ans Optische Institut wegempfohlen und seinem weiteren Schicksal überlassen. Schlägt Stadelmann (Foto: Hans Radloff in der Titelrolle) 1842 nochmals eine glückliche Stunde? Antwort gibt die jüngste Komödie von Hans Lucke, die in der Regie des Autors am Deutschen Nationaltheater Weimar uraufgeführt wurde. Die dem klassischen Erbe verpflichtete Bühne fördert seit Jahren Gegenwartsdramatik. Der »Weimarer Abend« präsentiert ab 21.00 Uhr das Beispiel »Stadelmann«.

Weimarer Abend und Thüringenwelle – Thüringer Hörfunk im Schatten der Mauer

Im September 1955 hatte der Landessender Weimar sein Eigenprogramm wieder aufgenommen, er hieß nun „Sender Weimar" und nicht mehr „Landessender Weimar", denn das Land Thüringen existierte seit 1952 politisch nicht mehr. Auch Proteste aus der Bevölkerung hatten zur Wiederaufnahme eines Programmes de facto für Thüringen – für die Bezirke Erfurt, Gera und Suhl – geführt, aber man hielt das Programm am kurzen Berliner Zügel. Die Nachrichten zur vollen Stunde wurden aus Berlin übernommen, eine Praxis, die bis Mitte 1990 gängig war. Lediglich zur halben Stunde wurden eigene Thüringer Nachrichten gesendet. Deren geringen Stellenwert belegt folgende Praxis: Diese Meldungen wurden nicht immer live gesprochen, wie bei Nachrichtensendungen eigentlich eine Selbstverständlichkeit. Besonders für die Wochenenden wurden die Sendungen am Freitag vorproduziert und dann als Konserve ausgestrahlt.

In den Anfangsjahren nach der Wiederaufnahme des Programms hatte der Sender Weimar ein sogenanntes Programmfenster. Dazu öffneten die Zentralprogramme zeitweise ein „Fenster" für die Regionalprogramme. Zu Beginn der sechziger Jahre sendete Weimar am Morgen eine Stunde Programm, gab dann nach Berlin zurück, und um 9.00 Uhr setzte Weimar bis 12 Uhr mit eigenen Sendungen fort.

Populär war beispielsweise eine Frauensendung: „Sechzig bunte Minuten für die Frau – nicht nur für die Frau". Die von Beate Riemann und Eckehard Hahn moderierte Sendung war mit Musik gemixt, und die Studios in Gera und Suhl lieferten Beiträge zu. Einmal wöchentlich wurde auch eine einstündige Jugendsendung ausgestrahlt, „Junge Leute heute".

Neue Frequenzen für den Sender Weimar

Ab 3. Februar 1963 wurde die Frequenzzuordnung neu geregelt. Das Programm des Senders Weimar war nur noch auf den Frequenzen von Radio DDR II zu empfangen. Die Sendezeiten: werktags von 18.00 bis 19.00 Uhr, sonntags von 7.10 bis 11.00 Uhr. Viermal in der Woche wurde in der Sendung „Thüringen heute" über Neuigkeiten in Industrie, Landwirtschaft und Kultur berichtet. Neu im Programm war das „Jenaer Funkprisma": Eine ehrenamtliche Redaktion aus dem VEB Carl Zeiss Jena produzierte die

Weimarer Abend
Ankündigung in der „FF Dabei" in den 80er Jahren
Archiv: Dr. Unger

Vom Kofferstudio zum Mediencenter

"Länder life" – Thüringen auf dem Weg zum eigenen Fernsehprogramm

Regieraum des Fernsehstudios Gera
Foto: MDR

Gemessen am Gesamtprogramm des DDR-Fernsehens bis 1989 waren Berichte aus Thüringen nur eine Randerscheinung, vor allem mit ideologischem Akzent. Sobald sich Belege für den Sieg des Sozialismus fanden, war die Kamera vor Ort. An der medialen Randlage änderten aber auch Diplomatenjagden, Mikrochips und Erfurter Blumenkohl nichts, denn Themenschwerpunkt war die DDR-Staatspolitik, sie beanspruchte den größten Teil der Sendezeit.

Mit dem Mauerfall und der sich schon bald abzeichnenden Föderalisierung, der Wiedereinführung von Ländern mit allen Konsequenzen, war auch der Weg frei für ein eigenes Fernsehprogramm aus Thüringen. Bis zur Gründung des Mitteldeutschen Rundfunks führte der Deutsche Fernsehfunk (DFF) Regie. Auch in Berlin-Adlershof erkannte man sehr schnell, was die mediale Stunde geschlagen hatte: Ein Überleben, ein Leben würde es bald nur noch in den Ländern geben, es begann eine Absetzbewegung in Richtung Region. Länder senden für die Länder – diese in den alten Bundesländern längst gängige Praxis sollte auch für Thüringen Programmalltag werden, und für alle neuen Bundesländer – Sachsen, Sachsen-Anhalt, Thüringen, Brandenburg sowie Mecklenburg-Vorpommern – wurden eigene Programme vorbereitet.

"Länder life" – das DDR-Fernsehen auf dem Weg zum Föderalismus

Am 22. Februar 1990 trafen sich zum ersten Mal die Fernseh-Korrespondenten aus den DDR-Bezirken bei ihrem zuständigen Adlershofer Redaktionsleiter Bernd Büchel zu einem Gespräch über die Zukunft des DDR-Fernsehens in den sich abzeichnenden neuen Bundesländern. Man einigte sich, am Sonntag nach der Volkskammerwahl vom 18. März 1990 mit eigenen Sendungen aus den Regionen zu beginnen. Der Ober-Titel: „Länder life". Das erste regionale Fernsehprogramm in der Thüringer Geschichte war damit in sichtbare Nähe gerückt.

Es begann in Thüringen die Suche nach Inhalten und einem Namen für die eigene Sendung. Sie sollte unterhaltsam aus der Region informieren sowie Hintergründe und Historisches vermitteln, hielt der designierte Chefredakteur Marian Riedel in einem Protokoll vom 28. Februar 1990 fest. Auch für einen eigenen Sendetitel gab es viele Ideen, von „Thü-

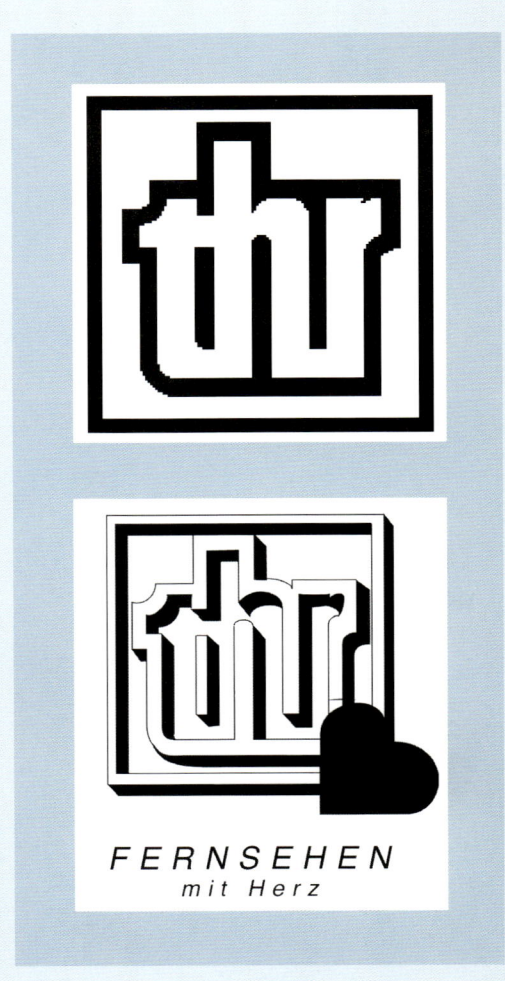

thr-Logos ab 1990

ringen-Teleskop" über „Tele-Thuringia", „Thüringen-Tournee" bis hin zu „Thüringen total". An allen Titeln ist der starke Wunsch nach einem eigenen, einem Thüringer Profil des entstehenden Regionalfernsehens ablesbar.

Am 25. März 1990 war es soweit: Aus Thüringen kam die erste eigene Fernsehsendung, produziert und moderiert von Thüringer Journalisten. Heidi Hasse, Joachim Bardohn und Marian Riedel präsentierten „Länder life. Leben in den Ländern" von 18 bis 19 Uhr im 2. Programm des DDR-Fernsehens. „Länder life" kam bis zum 8. Mai 1990 einmal wöchentlich. Thema der ersten Fernsehsendung aus Thüringen war unter anderem die Umweltsituation in Erfurt, Gera und Suhl, auch ein Auftritt des Geraer Kabaretts „Fettnäppchen" gehörte zum Programm.

Studio im Geraer Stasi-Würfel

Die Live-Sendung kam aus Gera. Noch nicht aus dem eigenen Fernsehstudio, aber das wurde nach längerem Suche an ungewöhnlichem Ort bald gefunden. Ein Hinweis des Geraer Oberflußmeisters Sven Heuschkel lenkte die Aufmerksamkeit des amtierenden Fernsehdirektors Joachim Bardohn auf ein Gebäude in der Hermann-Drechsler-Straße 1. Bezeichnenderweise in einer Sackgasse befand sich der ehemalige Sitz der Stasi-Bezirksverwaltung Gera. Zum Gebäudekomplex gehörte auch ein komplett eingerichtetes Kulturhaus mit Ton- und Lichttechnik.

Die im Jahr 1990 empört gestellte Frage „Thüringer Fernsehen – warum Sitz in Gera?"[1] ist mit einem Hinweis auf das leerstehende und für damalige Verhältnisse vorzüglich eingerichtete Gebäude zum Teil beantwortet. Dennoch hat diese Standortwahl – das Thüringer Fernsehstudio blieb bis 1994 in Gera, danach zog es nach Erfurt – für erhebliche Irritationen gesorgt. „Jedoch bleibt die Lage an Thüringens Peripherie weitab von der Landeshauptstadt für eine um Aktualität und Lebensnähe bemühte Fernsehstation ebenso umstritten wie die alleinige Kompetenz der Leitung des DFF für eine solche Entscheidung ...", schrieb die „Thüringer Allgemeine".[2]

Unterdessen gingen in der Geraer Fernsehredaktion die Vorbereitungen auf ein eigenes Programm, das mehr umfaßte als nur eine einzige Sendung pro Woche, weiter. Neben „Länder life" wurde auch eine eigene Magazinsendung vorbereitet, die regelmäßig über Thüringer Politik, Kultur, Wirtschaft und Sport berichten sollte. Beim Namen der Sendung einigte man sich schnell auf einen Vorschlag des Direktors Joachim Bardohn: „Thüringen Journal".

Das erste Thüringen Journal wurde am 8. Mai 1990 aus dem Haus der Kultur in Gera gesendet, da die Umbauarbeiten in der Hermann-Drechsler-Straße noch nicht abgeschlossen waren. Moderiert wurde die Sendung von Joachim Bardohn, der auch ein Novum für DDR-Fernsehsendungen einführte: Die Sendung war öffentlich, und Zuschauer waren herzlich willkommen.

Bis zum August 1990 gab es wöchentlich eine Ausgabe des Thüringen Journals, jeweils dienstags um 18.30 Uhr. Die Sendung hatte eine Länge von rund zwanzig Minuten. Im Juni 1990 zog die Thüringer Fernsehredaktion in das ehemalige Stasi-Gebäude um, am

„Thüringer Landeszeitung"
Zeitungsartikel vom März 1990

„Thüringer Allgemeinen"
Zeitungsartikel vom Juli 1990

21. Juni wurde die erste Sendung aus dem neuen Studio ausgestrahlt. Im Thüringen Journal begrüßten die Moderatoren den „Regierungsbeauftragten für Länderbildung des Bezirkes Erfurt" Josef Duchac, der im Oktober 1990 zum ersten Thüringer Ministerpräsidenten nach der Wende gewählt werden sollte.

Thüringen mit eigenem Fernsehstudio

Mit der Wende in unserem Land wandelte sich auch das Fernsehen. Regionalisierung heißt der Trend der Zukunft, der sich in fünf Ländern abzeichnet. Thüringen kommt dabei allerdings etwa spät aus den Startlöchern, denn was Mecklenburg, Rostock, Halle und Brandenburg bereits haben, fehlt hier: ein eigenes Studio. Da jedoch die Thüringer ein ausgeschlafenes Völkchen sind, aktiv und an Improvisationen gewöhnt, müssen die Fernsehzuschauer dieser Region nicht länger als andere auf ihr Regionalprogramm warten.

Das „Thüringenjournal" in der Rubrik „Länder Life" flimmert jetzt bereits jeden Tag, 18.30 Uhr bis 18.50 Uhr, live über den Kanal von DFF 2. Chef des Landesstudios Thüringen ist Joachim Bardohn. „Im Augenblick noch zu wenig Leute, zu wenig Technik, aber wir sind da", meint er. „Demnächst dann auch mit eigenem Studio." Ab 5. Juni soll es sich dann in der Drechslerstraße befinden, von dort aus u.a. auch die Pfingsteindrücke aus dem Oberhofer Rennsteiggarten in die Stuben gehen.

So interessant wie möglich, informativ und aktuell, sollen die Sendungen sein, für jeden etwas dabei, hat sich das Team um Chef Bardohn vorgenommen. Ein Drittel der Sendungen wird jeweils ein Top-Thema der Woche beinhalten.

Einem weiteren Drittel gilt die Vorstellung prominenter und interessanter Leute und nachfolgend Video-Schlagzeilen aus dem Thüringer Land. So waren u.a. schon im Programm die Feste Wachsenburg, wurden Spitzenkandidaten vor der Wahl vorgestellt, folgte man den Spuren der Ökologie bis hin zur Rinder- und Schweinemastanlage Neustadt/Orla, die Schlagzeilen machte, war beim Rennsteiglauf dabei, beim Solartreffen in Eisenach, wo es rund um die Wartburg ging, spürte Gerangel und Gerüchten um die CD-Fabrik in Ilmenau nach, interessierte sich für die Beschäftigungslage in Thüringen, folgte den Spuren der Männer am Himmelfahrtstag, gab und gibt Reisetips und noch vieles mehr, worauf man in Zukunft gespant sein darf.

Es dürfte lohnenswert sein, sich das Thüringenjournal für den Fernsehabend am Dienstag vorzumerken. Vielleicht lernt man auf diese Art seine Heimat, Land und Leute, noch besser kennen.

Unser Foto zeigt Joachim Bardohn (am Rednerpult) Chef des Landesstudios Thüringen mit seiner Mannschaft in Vorbereitung der Live-Sendung aus dem Haus der Kultur Gera, das vor dem Bezug des eigenen Studios als Provisorium diente.

uli
Foto: tlz/Reimitz

"Thüringer Landeszeitung"
Zeitungsartikel vom Mai 1990

Thüringen-Journal
Start für das Thüringen-Journal des Deutschen Fernsehfunks

Gera (ADN-lth). Die erste Ausgabe des „Thüringen-Journal" hat das Landesstudio Thüringen des Deutschen Fernsehfunks am Dienstag gesendet. Es wird künftig jeden Dienstag ab 18.30 Uhr im 2. Programm ausgestrahlt. Die Sendung bietet in jeweils 20 Minuten aktuelle Videonachrichten und -berichte aus Thüringen, dazu Studiogespräche mit interessanten Persönlichkeiten aus Politik, Wirtschaft, Kultur und Sport. Die erste Sendung wird direkt aus dem Foyer des Hauses der Kultur in Gera übertragen. Wer möchte, kann Moderator Joachim Bardohn dabei über die Schulter schauen. Es ist geplant, alle Sendungen des Journals öffentlich zu produzieren. Die nächsten Sendetermine, alle live aus dem Foyer des Hauses der Kultur in Gera, sind der 15., 22. und 29. Mai.
Am Pfingstsonntag gibt es die nächste längere Thüringen-Sendung in der Reihe „Länder life" von 18.00 bis 19.00 im 2. Programm des Deutschen Fernsehfunks. Sie wird aus dem Rennsteiggarten in Oberhof übertragen.

Gründung eines Thüringer Landessenders

Wenige Tage später, am 1. Juli 1990, gründete der Deutsche Fernsehfunk Landessender in den künftigen neuen Bundesländern. Zum Direktor des Landessenders Thüringen war am 13. Juni Joachim Bardohn berufen worden. Das erklärte Ziel der Fernsehmacher: Wir wollen täglich ein Regionalprogramm ausstrahlen. Symbolisch sollte damit am 13. August 1990, dem 29. Jahrestag des Mauerbaus, begonnen werden. Um dies zu erreichen, mußte eine Programmkette des 2. DDR-Fernsehprogramms abgetrennt werden.

ADN-Meldung vom 8.5.1990 zum ersten „Thüringen-Journal", gesendet aus dem Geraer Haus der Kultur

Mit dem Logo „thr – Fernsehen mit Herz" begann eine neue Thüringer Rundfunk-Ära. „Wir möchten offenes Fernsehen für die Thüringer mit den Thüringern machen. Die Menschen sollen sich und auch ihre Probleme in den Sendungen wiedererkennen", so Bardohn in einem Interview. Zeitweilig arbeiteten fünfundsechzig Mitarbeiter am Programm, das mit eintägiger Verspätung am 14. August begann, das Thüringen Journal regelmäßig auszustrahlen. Die Verspätung hatte technische Gründe, weil für die Landessender in Thüringen und Sachsen-Anhalt nur eine Leitung zum Strahler zur Verfügung stand. Das Thüringen Journal wurde zunächst dienstags und donnerstags gesendet, ab September konnten die Zuschauer es dann täglich empfangen.

Zeitungsartikel vom 24.3.1990

Erstmals Regionalfernsehen in Thüringen
Sonntag Live-Sendung mit einheimischen Moderatoren - Von Umwelt bis Erotik

Gera (adn/lth). Endlich ist es soweit. Adlershof macht ernst und den ersten kleinen Schritt zum in der BRD langst beliebten Regionalfernsehen. Morgen ist von 18.00 bis 19.00 Uhr im 2. Programm des Deutschen Fernsehfunks die erste Live-Sendung aus Thüringen zu sehen: „Länder-Life. Leben in den Ländern." Präsentiert von den thüringischen Moderatoren Heidi Hasse, Joachim Bardohn und Marian Riedel.
Da gibt es Informationen, Gespräche und Videos über die Umwelt in Erfurt, Gera und Suhl. Die Kabarettisten vom Geraer Fettnäppchen sagen ungeschminkte Wahrheiten und ein berühmt gewordener Greizer läßt seinen thüringischen Gefühlen freien Lauf. Geplant sind unterhaltsame Videoeinblicke in Erotisches, Gastronomisches, Partnerschaftliches, Soziales, Kosmisches, Kulinarisches, Sportliches - alles aus Thüringen.

Einen kleinen Vorgeschmack darauf gab es bereits am Freitagabend um 21.40 Uhr in der Wochenend-Vorschau des 1. Programms. Die thüringische Sendemannschaft bereitet sich auch darauf vor, ab 8. Mai außer den allmonatlichen Live-Sonntagssendungen jeden Dienstag 18.30 Uhr eine „Thüringer Wochenschau" im 2. Programm zu präsentieren.

Im September 1990 folgte dann die nächste Programmerweiterung. Für jeden Wochentag wurden eigene Sendungen produziert:
Am Montag wechselten sich das „thr-Gästebuch", „thr-kostproben", eine Kultursendung, und die „thr-musikantenschenke" ab.
Am Dienstag folgte mit „thr-in form" der Sport.
Am Mittwoch standen im Wechsel das „thr-kirchenfenster", der „thr-markt", „thr-lebensweise" und das „thr-lesecafe" auf dem Programm.
Der Donnerstag war den Magazinen „thr-zeitgeschehen", dem „thr-stammtisch" und „thr-ansichten" vorbehalten.
Freitags folgte die Familiensendung „thr-mosaik" und am Sonnabend „thr-tips".
Die Thüringer Sendezeit begann – nunmehr im 1. Programm des Deutschen Fernsehfunks – um 17.55 Uhr. Die ersten fünf Minuten hieß es „Willkommen", mit Nachrichten und einer Programmvorschau wurden die Zuschauer begrüßt. Es folgten zwanzig Minuten Thüringen Journal und je nach Wochentag eine zwanzigminütige Magazinsendung.
Für Hörfunk und Fernsehen der DDR galt bis zum zum 31. Dezember 1991 eine Übergangsfrist. Obwohl die DDR seit dem 3. Oktober 1990 nicht mehr bestand, arbeiteten die Redaktionen bis Ende 1991 weitgehend in den bisherigen Strukturen weiter. Allen Bestrebungen, in Ostdeutschland ein eigenständiges Mediensystem aufzubauen, erteilten Politiker aus Bund und Ländern mit dem Einigungsvertrag eine klare Absage. Artikel 36 des Einigungsvertrages legte fest, die Hörfunk- und Fernsehsender in einer Überleitungsphase in einer gemeinschaftlichen Einrichtung zusammenzufassen, die staatsunabhängig war. Bis zum 31. Dezember 1991 sollten die Sender der ehemaligen DDR entweder aufge-

Zeitungsartikel

August 1990

Länder senden für Länder
Nun auch tägliche Regionalprogramme im DDR-Fernsehen

Ob es so richtig losgeht, wie in der Vorankündigung verheißen, kann ich nach dreimaligen Sendungen noch nicht beurteilen. Doch angefangen hat's nun endlich immerhin: Von montags bis freitags vorerst 30 Minuten in guter Sendezeit (zwischen 18 und 19 Uhr) Regionalprogramme der fünf Landessender. Der Sender Thüringen hatte am 14. 8. seinen Auftritt, und hat gehalten, was erwartet wurde: Aktuelles aus dem „grünen Herzen Deutschlands". Jedenfalls war das Bemühen um schnelle Information über alles, was Leute in diesem Landstrich beschäftigt, unverkennbar. Und so ging's quer durch. Welche Zukunftserwartungen können die Kumpel der Wera-Kaliregion noch hegen? Wie werden die Bewohner der Eichsfeld-Gemeinde Kella, jahrzehntelang im Niemandsland lebend, mit der plötzlichen Weltöffnung fertig? Wie feiert die Bierstadt Erfurt ein Mosel-Weinfest? Weitgehend unkommentiert (kein Manko) trat dem Zuschauer Thüringen life gegenüber. So konnte er sich selbst sein Bild machen über die Lage im Lande. Nur einmal hätte er sich etwas mehr Unterstützung durch die agile Reporter-Truppe verdient. Der Bericht über die „großartige" Bücherschenkung an die Einwohner von Krocker (Eichsfeld) und der huldvolle Auftritt eines „echten" Hohenzollern, sollte doch wohl so ernst nicht gemeint sein, wie er über den Sender ging? **R. Treide**

löst oder in eine Anstalt des öffentlichen Rechts überführt worden sein. Geleitet wurde diese Konstruktion – kurz „Einrichtung" – durch einen Rundfunkbeauftragten und einen Rundfunkbeirat. In die einflußreiche Position des Rundfunkbeauftragten wurde am 15. Oktober 1990 Rudolf Mühlfenzl gewählt, der mehr als dreißig Jahre Leitungsfunktionen beim Bayerischen Rundfunk ausgeübt hatte und seit 1985 der Bayerischen Landeszentrale für neue Medien als Präsident vorstand.

1991 stellte der Rundfunkbeauftragte Rudolf Mühlfenzl in einer Bilanz fest: „Auch wenn die DFF-Länderkette als Übergangslösung gilt, erreicht sie bei ihren Zuschauern weiterhin eine gute Akzeptanz. Diese liegt höher als bei dritten Programmen der alten Bundesländer. ... Bei der Bewältigung der neuen Probleme im Osten leistet die DFF-Länderkette die ‚beste Orientierungshilfe'." [3]

[1] Eberhardt Pfeiffer, Thüringer Fernsehen – warum Sitz in Gera?, in: „Thüringer Allgemeine" vom 7. Juli 1990

[2] Ebenda

[3] Rundfunk im Aufbruch. Die Gestaltung einer neuen Medienlandschaft, Berlin 1991, S. 2

thr
THÜRINGER RUNDFUNK
MONATSPROGRAMM

Sonntag

0.05 ARD-Nachtexpreß, (stündlich Nachrichten), 4.00 ARD-Radiowecker, 6.00 Nachrichten, 6.05 Früh aber sanft, mit Litfaßwelle, den aktuellen Wetterdaten und dem Fernsehservice, halbstündlich Nachrichten, 9.00 Nachrichten, 9.05 Thüringen EINS - Boulevard, dazw. 10.00 Uhr Nachrichten, 11.00 Nachrichten, 11.05 Ganz in Familie, 12.00 Nachrichten, 12.05 Popküche, 13.00 Nachrichten, 13.05 We like german music, 14.00 Nachrichten, 14.05 Mit Rucksack, Hut und Notenschlüssel (1.+3. Woche);Thüringen EINS - Howdy - Countymusik am Sonntag (2.+4. Woche), 15.00 Nachrichten, 15.05 Radio mit Herz - Gruß- und Glückwunschprogramm, 16.00 Nachrichten, 16.05 Radioreport - Sport und Politik (dazw. 17.00 und 18.00 Nachrichten sowie 17.30 Wettergespräch), 19.00 Nachrichten, 19.05 Postkarte genügt, 20.00 Nachrichten, 20.05 Rendevous nach Noten (1., 2. u. 4. Woche), Musikalisches Kreuzworträtsel (3. Woche), 22.00 Nachrichten, 22.05 Traumzeit, dazw. 23.00 Nachrichten, 24.00 Nachrichten

Montag

0.05 ARD-Nachtexpreß (stündlich Nachrichten), 4.00 ARD-Radiowecker, 5.00 Nachrichten, 5.05 Morgenradio, Unterhaltung, Informationen, Service, den aktuellen Wetterdaten, mit Presseschau, Tagestip, Fernsehservice halbstündlich Nachrichten, 8.32 Thüringen EINS-regional, 9.00 Nachrichten, 9.05 Land und Leute - Das Vormittagsmagazin, dazw. stündlich Nachrichten, 11.30 Thüringen EINS - aktuell, Der Zeitfunk-Report, 12.00 Nachrichten, 12.05 Popküche, 13.00 Nachrichten, 13.05 Radioticker - Die Sendung vom Blatt (dazw. 14.00 Nachrichten), 15.00 Nachrichten, 15.05 Radio mit Herz - Gruß- und Glück-wunschprogramm, 16.00 Nachrichten, 16.05 Radiomarkt - Sendung des Werbefunks, 17.00 Nachrichten, 17.05 Fazit - Das Zeitfunkmagazin dazw. 17.30 Wettergespräch, 18.00 Nachrichten, 18.05 Thüringen Eins - Spezial, 19.00 Nachrichten, 19.05 Postkarte genügt - Hörerwünsche, 20.00 Nachrichten, 20.05 Vorhang auf - Aus Operette, Musical und Film, 22.00 Nachrichten, 22.05 Traumzeit, dazw. 23.00 Nachrichten, 24.00 Nachrichten

Dienstag

0.05 ARD-Nachtexpreß (stündlich Nachrichten), 4.00 ARD-Radiowecker, 5.00 Nachrichten, 5.05 Morgenradio, Unterhaltung, Informationen, Service, den aktuellen Wetterdaten, mit Presseschau, Tagestip, Fernsehservice, halbstündl. Nachrichten, 8.32 Thüringen EINS - regional. Die Serviceprogramme aus den Landesstudios, 9.00 Nachrichten, 9.05 Land und Leute - Das Vormittagsmagazin, 11.30 Thüringen EINS - aktuell, Der Zeitfunk-Report, 12.00 Nachrichten, 12.05 Popküche, 13.00 Nachrichten, 13.05 Radioticker - Die Sendung vom Blatt, dazw. 14.00 Nachrichten, 15.00 Nachrichten, 15.05 Radio mit Herz - Gruß- und Glückwunschprogramm, 16.00 Nachrichten, 16.05 Radiomarkt - Die Sendung des Werbefunks, 17.00 Nachrichten, 17.05 Fazit - Das Zeitfunkmagazin, dazw. 17.30 Wettergespräch, 18.00 Nachrichten, 18.05 Thüringen EINS - Spezial, 19.00 Nachrichten, 19.05 Postkarte genügt, 20.00 Nachrichten, 20.05 Schellackdiskothek (1.+ 3. Woche); Country Roads (2.+4. Woche), 22.00 Nach-richten, 22.05 Traumzeit, dazw. 23.00 Nachrichten, 24.00 Nachrichten

Mittwoch

0.05 ARD Nachtexpreß (stündlich Nachrichten), 4.00 ARD-Radiowecker, 5.00 Nachrichten, 5.05 Morgenradio, Unterhaltung, Informationen, Service, den aktuellen Wetterdaten, mit Presseschau, Tagestip, Fernsehservice, halbstündlich Nachrichten, 8.32 Thüringen EINS - regional. Die Serviceprogramme aus den Landesstudios, 9.00 Nachrichten, 9.05 Land und Leute - Das Vormittagsmagazin (stündlich Nachrichten), 11.30 Thüringen EINS - aktuell - Der Zeitfunk-Report, 12.00 Nachrichten, 12.05 Popküche, 13.00 Nachrichten, 13.05 Radioticker - die Sendung vom Blatt, dazw. 14.00 Nachrichten, 15.00 Nachrichten, 15.05 Radio mit Herz - Gruß- und Glückwunschprogramm, 16.00 Nachrichten, 16.05 Radiomarkt - Sendung des Werbefunks, 17.00 Nachrichten, 17.05 Fazit - das Zeitfunkmagazin, dazw. 17.30 Wettergespräch, 18.00 Nachrichten, 18.05 Thüringen EINS - Spezial, 19.00 Nachrichten, 19.05 Postkarte genügt, 20.00 Nachrichten, 20.05 Das grüne Herz - Notizen aus Thüringen, 22.00 Nachrichten, 22.05 Traumzeit (dazw. 23.00 Nachrich-ten), 24.00 Nachrichten

Donnerstag

0.05 ARD-Nachtexpress (stündlich Nachrichten, 4.00 ARD-Radiowecker, 5.00 Nachrichten, 5.05 Morgenradio, Unterhaltung, Informationen, Service, den aktuellen Wetterdaten, mit Presseschau, Tagestip, Fernsehservice, halbstündlich Nachrichten, 8.32 Thüringen EINS - regional, 9.00 Nachrichten, 9.05 Land und Leute - Das Vormittagsmagazin (stündlich Nachrichten), 11.30 Thüringen EINS - aktuell, Der Zeitfunk-Report, 12.00 Nachrichten, 12.05 Popküche, 13.00 Nachrichten, 13.05 Radioticker - Die Sendung vom Blatt, dazw. 14.00 Nachrichten, 15.00 Nachrichten, 15.05 Radio mit Herz - Gruß- und Glückwunschprogramm, 16.00 Nachrichten, 16.05 Radiomarkt - Sendung des Werbefunks, 17.00 Nachrichten, 17.05 Fazit - Das Zeitfunkmagazin, dazw. 17.30 Wettergespräch, 18.00 Nachrichten, 18.05 Thüringen EINS - Kurhessenreport, 19.00 Nachrichten, 19.05 Postkarte genügt, 20.00 Nachrichten, 20.05 Hutladen - Oldies nach acht, 22.00 Nachrichten, 22.05 Traumzeit (dazw. 23.00 Nachrichten), 24.00 Nachrichten

Freitag

0.05 ARD-Nachtexpress (stündlich Nachrichten), 4.00 ARD-Radiowecker, 5.00 Nachrichten, 5.05 Morgenradio, Unterhaltung, Informationen, Service, den aktuellen Wetterdaten, Presseschau, Tagestip, Fernsehservice, halbstündlich Nachrichten, 8.32 Thüringen EINS - regional. Die Serviceprogramme aus den Landesstudios, 9.00 Nachrichten, 9.05 Land und Leute - Das Vormittagsmagazin (stündlich Nachrichten), 11.30 Thüringen EINS - aktuell, Der Zeitfunk-Report, 12.00 Nachrichten, 12.05 Popküche, 13.00 Nachrichten, 13.05 Radioticker - Die Sendung vom Blatt (dazw. 14.00 Nachrichten), 15.00 Nachrichten, 15.05 Radio mit Herz- Gruß- und Glückwunschprogramm, 16.00 Nachrichten, 16.05 Radiomarkt - Sendung des Werbefunks, 17.00 Nachrichten, 17.05 Fazit - Das Zeitfunkmagazin, dazw. 17.30 Wettergespräch, 18.00 Nachrichten, 18.05 Thüringen EINS - Spezial, 19.00 Nachrichten, 19.05 Postkarte genügt, 20.00 Nachrichten, 20.05 Mit Rucksack, Hut und Notenschlüssel (1.+3. Woche) Gude, Servus und Hallo (2.+4. Woche), 22.00 Nachrichten, 22.05 Traumzeit, dazw. 23.00 Nachrichten, 24.00 Nachrichten

Samstag

0.05 ARD-Nachtexpress (stündlich Nachrichten), 4.00 ARD-Radiowecker, 6.00 Nachrichten, 6.05 Früh aber sanft, u. a. mit Sportreport, Litfaßwelle, den aktuellen Wetterdaten und dem Fernsehservice, halbstündlich Nachrichten 8.32 Thüringen EINS - regional, Die Serviceprogramme der Landesstudios, 9.00 Nachrichten, 9.05 Land und Leute - Das Wochenendmagazin (stündlich Nachrichten), 11.30 Thüringen EINS - aktuell, Der Zeitfunk-Report, 12.00 Nachrichten, 12.05 Popküche, 13.00 Nachrichten, 13.05 Anruf genügt - Hörer machen Musikprogramme dazw. 14.00 Nachrichten, 15.00 Nachrichten, 15.05 Radio mit Herz - Gruß und Glückwunschprogramm, 16.00 Nachrichten, 16.05 Radioreport - Sport und Politik (dazw. 18.00 Nachrichten), 19.00 Nachrichten, 19.05 Postkarte genügt, 20.00 Nachrichten, 20.05 Eight a clock jump - Swing am Abend, 22.00 Nachrichten, 22.05 Traumzeit dazw. 23.00 Nachrichten, 24.00 Nachrichten

Radio in der Wende – vom Sender Weimar zum Thüringer Rundfunk

Bild links:
Monatsprogramm mit dem Logo des Thüringer
Rundfunks von 1990

Eine gefälschte Kommunalwahl im Mai, Massenausreisen im Sommer und das Entstehen einer organisierten politischen Opposition im Frühherbst – das waren auch die Voraussetzungen für einen gravierenden Wandel der Thüringenwelle. Zwar war den Mitarbeitern die Teilnahme an den beginnenden Demonstrationen untersagt, doch nicht alle hielten sich an diese Forderung, einige gaben ihre zögernde Haltung auf und nahmen an Demonstrationen teil.
Nach dem ersten Marsch durch die Weimarer Innenstadt Anfang Oktober gelang es einigen Redakteuren, eine Meldung darüber in den Regionalnachrichten der Thüringenwelle zu plazieren. Nach langen Diskussionen, ob man die Forderung der Demonstranten nach Zulassung der gerade verbotenen Bürgerbewegung „Neues Forum" einfügen dürfe oder nicht, einigten sich die jungen Redakteure mit dem alten Nachrichtenchef auf die Formulierung: „Die Demonstranten forderten NEUE FOREN der Diskussion." Das war die erste systemkritische Meldung im Programm der Thüringenwelle.
Etwas länger als in anderen Teilen der DDR hat es in Thüringen gedauert, ehe auch hier ein sogenannter „offener Dialog" stattfand, bei dem vor großer Kulisse Vertreter der Macht mit jenen zu Debatten zusammenkamen, deren Rufe „Wir sind das Volk" die DDR-Oberen endgültig erschütterten.

Wir sind das Radio – zaghafte Öffnung in der Wende-Zeit

„Der offene Dialog ist nun auch, vielleicht etwas verspätet, in Erfurt begonnen worden", mit diesen Worten eröffnete Matthias Büchner vom Neuen Forum am 28. Oktober 1989 die Veranstaltung in der Erfurter Thüringenhalle. Das hoffnungsvolle Ereignis wurde auch dadurch nicht getrübt, daß die SED ihre Mitglieder in Erfurter Großbetrieben und im Apparat – SED-Bezirksleitung und Rat des Bezirkes Erfurt – für diesen Dialog mobilisiert hatte, um möglichst viele Plätze in der Thüringenhalle zu belegen, die dem großen kritischen Teil der Bevölkerung damit vorenthalten werden sollten. Diese Rechnung ging nicht auf; auch dieser Versuch der SED, das Volk zu betrügen, scheiterte. Die kritischen Stimmen ließen sich nicht länger unterdrücken. Den Staatsvertretern schallten wütende Rufe entgegen, denn das Betrugsmanöver war längst Stadtgespräch. So etwas hatten sich

SED-Bezirkschef Gerhard Müller und sein staatlicher Schatten Arthur Swatek, Vorsitzender des Rates des Bezirkes, noch nie öffentlich sagen lassen müssen: „Lügner", „Stasi raus" und „Müller weg – hat keinen Zweck" rief die wütende Menge in der Thüringenhalle.

Müller wagte einen Angriff nach vorn: „Ich zähle mich zu jenen, die die Wende, was die Politik unserer Partei betrifft, herbeigeführt haben." Ein Ruf aus der Menge: „Die Wende hier in unserem Staat haben nicht Sie eingeleitet und die Partei, sondern das Volk auf der Straße" und höhnische Pfiffe waren die Antwort auf diese Unverfrorenheit.

Der „Offene Dialog" am 28. Oktober 1989 war auch der zaghafte Beginn eines neuen Radios in Thüringen. Neben der Thüringenhalle stand ein Weimarer Übertragungswagen und zeichnete die denkwürdige Veranstaltung auf. In kurzen Ausschnitten wurde noch am gleichen Tag in der Thüringenwelle des Senders Weimar von diesem Ereignis berichtet, am nächsten Tag widmete sich eine Sondersendung ausführlich dem Schlagabtausch in der Thüringenhalle.

Die Weimarer Redakteure konnten sich vor Anrufen kaum retten, schlagartig hatte der Ost-Rundfunk dem bisher beliebteren West-Radio den Rang abgelaufen. Die Menschen der DDR mit ihren tatsächlichen Problemen kamen auf einmal im einheimischen Radioprogramm vor, und die Thüringenwelle wurde ein glaubwürdiger Partner auf dem weiteren Weg der Wende, als sie es bisher gewesen war. Dafür sprechen auch andere Begebenheiten aus dem Radio-Alltag des Jahres 1989. Als sich beispielsweise wenige Tage nach dem „Dialog" in der Thüringenhalle, am 3. November, ein Reporter aus dem Haus des Schriftstellerverbandes, dem Weimarer Erich-Wendt-Klub, meldete, wo die Literaten vergeblich auf Gerhard Müller gewartet hatten, den sie zu einer Aussprache eingeladen hatten, liefen die Telefone im Funkhaus heiß.

„Habt ihr gemeldet, Müller sei zurückgetreten?", wollten aufgeregte Anrufer wissen. Dabei war Müller noch gar nicht zurückgetreten, er war lediglich nicht zu dieser Aussprache erschienen. Aber die Wirkung des Radios war auf einmal enorm. Im Anderthalb-Minuten-Bericht des Reporters wurde auch eine „Nobelherberge" der SED-Größe Müller in Tambach-Dietharz erwähnt, über die nun auch auf den Gängen des Schriftsteller-Verbandes offen spekuliert wurde, die Privilegien der SED-Spitzen waren plötzlich ein Thema, an denen man den Unmut im Staat handfest greifen konnte.

Sogar eine eigene Straße für Müller sei gebaut worden, damit der Weg in den Sozialismus nicht gar zu holprig sei, ulkten die Literaten. Hörer berichteten am Telefon weitere Details und boten ihre Mithilfe bei der Recherche an. Sie wollten Interviews geben; nach dem langen bedrückenden Schweigen in der DDR war ein neuer Mitarbeiter in den Weimarer Sender eingezogen: die Offenheit. Die übermächtigen staatlichen Gremien hatten ihre Gravitationskraft verloren. Zwar waren die Impulse für das Aufbegehren nicht von

Sendemanuskript vom 29.10.1989
Quelle: Sender Weimar

den Journalisten in der DDR ausgegangen, wohl aber nutzten sie die entstandenen Freiräume, und die Sympathie für die Veränderungen wurde programmrelevant. Auch die Thüringer Journalisten begannen, sich Vertrauen bei ihren Hörern zu erkämpfen, gleichzeitig wuchs der Widerstand gegen die Berliner Zentrale in der Nalepastraße. Gefragt war nun die Spezifik der Region, in der man lebte und mit der man sich identifizierte.

Als ein Stück Selbständigkeit auf dem Weg zu Landessendern setzten die Direktoren der DDR-Regionalsender Ende 1989 durch, „daß regionaler Rundfunk ‚auch dann' örtlichen Fragen und Problemen nachgehe, ‚wenn sie mit gesamtstaatlichen Vorhaben und Entscheidungen verflochten sind'".[1]

Die Berichterstattung über gesamtstaatliche Vorhaben war bisher die unantastbare Domäne der zentralen Sender gewesen, nun machten die regionalen Sender ihr eigenes Programm – in der Fülle der Verflechtung von Region und Nation. Die Bestrebungen der DDR-Regionalsender, sich von der Zentrale in Ost-Berlin vollkommen zu lösen, begannen unmittelbar nach dem Mauerfall am 9. November 1989. Der zentralistische Staatsrundfunk war ein Auslaufmodell geworden.

Es entstanden Redakteursräte, die Mitarbeiter in leitenden Funktionen mußten sich Vertrauensabstimmungen der Belegschaft stellen. Und nicht allen „Leitungskadern" sprachen die Mitarbeiter die Fähigkeit zu, auch weiterhin in führender Position tätig zu sein. Bisher waren sämtliche Personalentscheidungen in der Kaderabteilung der Nalepastraße gefallen. Auch die schriftlichen Selbstanzeigen jener Mitarbeiter, die Kontakte zum westlichen Ausland gehabt hatten, ob durch den Erhalt einer Ansichtskarte der Verwandten mit Urlaubsgrüßen aus Mallorca oder durch ein Familientreffen mit West-Besuch, entfielen. Per Arbeitsvertrag war bisher jeder Mitarbeiter des DDR-Rundfunks verpflichtet gewesen, „Kontakte zum westlichen Ausland" schriftlich bei den Kaderbeauftragten anzuzeigen. Dafür gab es vorgedruckte Formulare.

Der Mauerfall im Radio

Ein Beleg für die Wandlungsbereitschaft und den Willen zur Selbständigkeit sind auch die Ereignisse in der Nacht vom 9. zum 10. November 1989. Kurzentschlossen fuhr der Moderator der Frühsendung am 10. November, Michael Wenkel, an den Grenzübergang Wartha-Herleshausen, um den Hörern der Thüringenwelle die Stimmung jener Nacht authentisch zu vermitteln. Zehn Jahre später erinnert er sich noch an jedes Detail: „Bei mir war das auch so, daß ich an dem Abend, also am neunten, zunächst gar nicht die Tragweite dieser Verkündigung von Schabowski bemerkt habe, und ich bin auch relativ früh ins Bett, weil damals beim Sender Weimar das Morgenprogramm um 4 Uhr begann. Und so war es, daß ich morgens um halb drei aufgestanden bin, natürlich auch das Radio nicht angemacht hatte, weil ich niemanden wecken wollte, im Auto lief dann NDR 2, da war es dann schon 3.05 Uhr, ein Sprecher verlas den Wetterbericht, und anschließend kam Musik. Und als dann gesagt wurde, wir setzen jetzt unsere Berichterstattung von der Öffnung der innerdeutschen Grenze fort, bin ich so schnell mein kleiner Lada konnte, nach Weimar gefahren, und für mich stand schon fest, du machst heute kein Frühprogramm. Ich fahre zur Grenze. Ich habe den

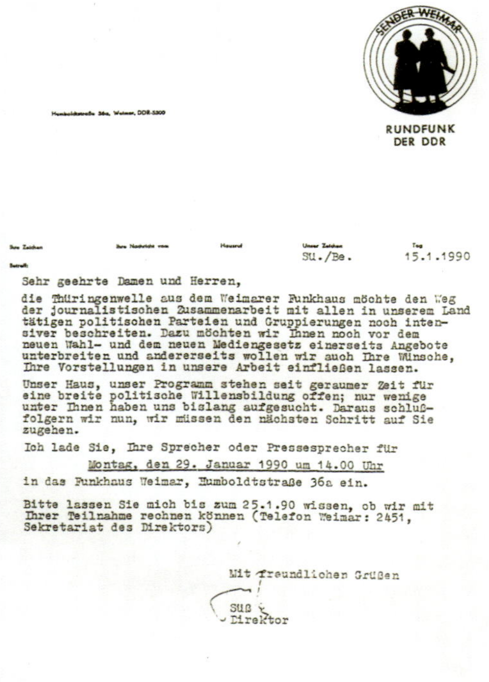

Nachrichtensprecher geweckt, der als Ersatz für mich einspringen mußte, und den Direktor angerufen, dann habe ich bei der Bezirksbehörde der Deutschen Volkspolizei angerufen, ganz brav und artig. Ich habe gesagt, ich will an die Grenze, ich muß einen Bericht machen, melden Sie mich mal an. Das hat er entgegengenommen, verunsichert wie er war, und dann bin ich zum Grenzübergang Richtung Eisenach gefahren."

Unter normalen DDR-Bedingungen wäre kein Reporter jemals auf den Gedanken gekommen, bei der Polizei anzurufen mit dem Wunsch „Ich will an die Grenze, um zu berichten".

Brief von Hilmar Süß vom 15. Januar 1990

Archiv: privat

„Thüringer Allgemeine"

Zeitungsartikel vom 19. März 1990

Auf dem Weg zu den Volkskammerwahlen

Einen weiteren Schritt gingen die Weimarer Hörfunk-Journalisten im Januar 1990. Der Direktor des Senders, Hilmar Süß, ging auf die mittlerweile zahlreichen politischen Gruppierungen zu. „Unser Haus", so schrieb er in einem Brief an neunzehn Vereinigungen vom „Demokratischen Aufbruch" über die „Grüne Partei" bis hin zur Verbrauchervereinigung „Konsum", „unser Programm stehen seit geraumer Zeit für eine breite, politische Willensbildung offen; nur wenige unter Ihnen haben uns bislang aufgesucht." Süß lud die Sprecher der Organisationen für den 29. Januar 1990 zu einem Gespräch nach Weimar ein.

Hilmar Süß machte damit das Angebot, noch vor Inkrafttreten eines neuen Wahl- und eines Mediengesetzes mit allen wichtigen politischen Kräften zusammenzuarbeiten. Immerhin Vertreter von siebzehn Vereinigungen sind dieser Einladung gefolgt, und der Versammlungsraum im Weimarer Funkhaus, der zufällig gerade neu eingerichtet und ausgestattet worden war, trug seither auch offiziell den Titel „Neues Forum". Das Gespräch in Weimar war auch eine wichtige Vorbereitung auf die Volkskammerwahlen am 18. März 1990. Denn ein Ergebnis war, daß erstmals im Vorfeld einer Wahl Werbespots zu hören waren. Am Wahltag selbst wurde natürlich ausführlich über das Ereignis berichtet. „Gleichgültig ist heute keiner", gestand Hilmar Süß einer Journalistin, „innerlich ist man sogar sehr erregt."[2]

Über die Ergebnisse des für viele DDR-Bürger und Beobachter überraschenden Ausganges wurde aber erst am nächsten Morgen berichtet. Denn im März 1990 endete das Programm des Senders Weimar noch um 13 Uhr.

„Thüringer Allgemeine"
Zeitungsartikel vom 22. Juni 1990

Zeitungsartikel vom Juni 1990

Die Moderatoren des Thüringer Rundfunks:
v.l.n.r./hintere Reihe:
Klaus Dylus · Horst Doberschütz · Frank Göbel
Klaus-Dieter Freytag · Michael Wenkel
Andreas Menzel · Armin Hintze · Torsten Unger
v.l.n.r./vordere Reihe:
Catharina Schroff · Christian Meyer ·
Claudia Hirnschal · Ingrid Prager ·
Sybille Plasche · Brigitte Michel
Quelle: Thüringer Rundfunk

Adressen

Frequenzen

Programme

Logo des Thüringer Rundfunks

Von der Thüringenwelle zum Thüringer Rundfunk

Aber unterdessen wurde schon fieberhaft an der Vorbereitung eines Vollprogramms gearbeitet. Noch vor der Wiedergründung des Landes Thüringen wurde dieser Traum wahr. Zeitgleich mit der Wirtschafts-, Währungs- und Sozialunion am 1. Juli 1990 ging das Programm „Thüringen EINS" des neugegründeten Thüringer Rundfunks auf Sendung. Die begleitende PR-Kampagne trug den bezeichnenden Titel „Mehr Radio fürs neue Geld". Erstmals wurde für ein DDR-Rundfunkprogramm geworben.

Der Sender Weimar war damit ein historischer Begriff geworden. In seinem Selbstverständnis war das neue Programm der Vorläufer einer neuen Landesrundfunkanstalt für den Süden der DDR.

Und so sah das neue Programm aus:

05.00 Uhr	Programmbeginn mit dem Morgenradio mit Unterhaltung, Informationen, Wetterdaten und Presseschau
08.32 Uhr	Thüringen EINS regional (Splittung des Programms für eigene Sendungen aus Weimar, Gera und Suhl)
09.05 Uhr	Land und Leute Das Vormittagsmagazin
11.30 Uhr	Thüringen EINS aktuell – Der Zeitfunk-Report
12.05 Uhr	Popküche
13.05 Uhr	Radio-Ticker – Die Sendung vom Blatt (Kurze bunte Meldungen aus den Nachrichtenagenturen – kurz „Ticker" genannt – wurden mit Musik gemischt)

15.05 Uhr	Radio mit Herz – Gruß- und Glückwunschprogramm	
16.05 Uhr	Radiomarkt – Sendung des Werbefunks (Werbespots und Musik)	
17.05 Uhr	Fazit – Das Zeitfunkmagazin	

ab 3. Oktober 1990:

18.05 Uhr	Thüringen EINS – Spezial	*(montags, dienstags, mittwochs, freitags)*
	Thüringen EINS – Kurhessenreport	*(donnerstags)*
19.05 Uhr	Postkarte genügt – Hörerwünsche	
20.05 Uhr	Vorhang auf – Aus Operette, Musical und Film	*(montags)*
	Schellackdiskothek	*(dienstags, 1. und 3. Woche)*
	Country Roads	*(dienstags, 2. und 4. Woche)*
	Das grüne Herz – Notizen aus Thüringen	*(mittwochs)*
	Hutladen – Oldies nach acht	*(donnerstags)*
	Mit Rucksack, Hut und Notenschlüssel	*(freitags, 1. und 3. Woche)*
	Gude, Servus und Hallo	*(freitags, 2. und 4. Woche)*
22.05 Uhr	Traumzeit	
00.05 Uhr	ARD-Nachtexpreß	

Das neue Sendestudio von Thüringen EINS
Foto: MDR

Die Sendezeit wurde um sechs Stunden bis 18 Uhr erweitert, „es soll ein erdverbundenes, gut informierendes Programm für Thüringer und Nachbarn in Hessen, Bayern, Niedersachsen, Sachsen und Sachsen-Anhalt werden", kündigte Direktor Süß an.[3] Mit den Nachbarn in Hessen hatte es über diese Absicht hinaus noch eine besondere Bewandnis: Bei einem Gespräch im November 1989 zwischen dem ARD-Vorsitzenden Prof. Hartwig Kelm und dem Funkhausdirektor Hilmar Süß in Frankfurt am Main, an dem auch der Chef von HR 4, Bernd-Peter Arnold, teilgenommen hatte, wurde bereits in diesem frühen Stadium der deutsch-deutschen Annäherung eine Zusammenarbeit zwischen dem Thüringer Rundfunk und HR 4 vereinbart. Aus Hessen trafen schon kurz darauf Lieferwagen ein, die Möbel, Technik und auch Schallplatten sowie Musikbänder als Unterstützung für die Thüringer Kollegen und mögliche künftigen Partner nach Weimar brachten.

In der Folgezeit entwickelte sich auch programmlich eine Zusammenarbeit mit dem Studio Kassel des Hessischen Rundfunks, das von Kurt Morneweg geleitet wurde. So hörten die Thüringer immer donnerstags eine Sendung aus dem Studio Kassel, den „Kurhessenreport". Im Gegenzug schickten die Weimarer einmal pro Woche ein Radiomagazin nach Kassel. Kurz danach, Anfang Dezember 1989, wurde auch ein Sendeprojekt mit dem Bayerischen Rundfunk vereinbart. Die Morgenmagazine von Bayern 3 und der Thüringenwelle schalteten sich in der Vorweihnachtszeit an einem Tag zusammen.

Als am 3. Oktober 1990, dem Tag der deutschen Wiedervereinigung, das Programm nochmals um sechs auf nun neunzehn Stunden (an Wochentagen, ansonsten achtzehn Stunden) erweitert wurde, war das der Beginn des gemeinsamen Abendprogramms von Thüringen EINS und HR 4. Im wöchentlichen Wechsel wurden die Sendungen live aus Weimar und aus Frankfurt ausgestrahlt.

Nicole Kunkel an der neuen Senderegie
Foto: MDR

Warum hieß das Programm des neuen Thüringer Rundfunks „Thüringen EINS"?
Zum einen sollte damit die wiedergewonnene Einheit des Landes Thüringen symbolisiert werden, zum anderen verbarg sich eine angestrebte, aber letztendlich nicht erreichte Erweiterung des Thüringer Rundfunks dahinter. Beabsichtigt war, in einigen Jahren mit „Thüringen ZWEI" und „Thüringen DREI" auf Sendung zu gehen.
Thüringen ZWEI war als Popwelle mit hohem Service-Anteil geplant, die Verkehrsinformationen, Wetterberichten und Veranstaltungstips vorbehalten war.
Thüringen DREI war als Kulturradio gedacht, aus der Klassikerstadt Weimar sollte künftig auch ein Kulturprogramm kommen.
Sachsen besaß übrigens seit dem 1. März 1991 ein Kulturprogramm. Hintergrund war die drohende Abschaltung einer sächsischen Jugendwelle – "Sachsen 3 – Kultur" sollte die Frequenzen retten. Der eigenmächtige Start eines sächsischen Kulturkanals hatte für den sächsischen Landesrundfunkdirektor Manfred Müller allerdings verheerende Folgen – er wurde durch den Rundfunkbeauftragten Rudolf Mühlfenzl per Fax fristlos entlassen.
In Thüringen ist es zum Start weiterer Programme aber nicht gekommen. Vielmehr führte der Programm-Austausch mit dem Hessischen Rundfunk schon bald zu Überlegungen, eine neue deutsch-deutsche Zweiländer-Anstalt Hessen-Thüringen zu gründen. Seit Mitte September 1990 hatte der Hessische Rundfunk bereits offiziell die Werbe-Akquisition für Thüringen übernommen. Doch in Hessen wechselte im Januar 1991 die Regierung, die SPD stellte nunmehr den Ministerpräsidenten.
Die CDU-regierten Länder Thüringen, Sachsen und Sachsen-Anhalt präferierten nun ein neues Modell: den Mitteldeutschen Rundfunk als Drei-Länder-Anstalt.

Der Staatsvertrag über den Mitteldeutschen Rundfunk

Am 30. Mai 1991 wurde in der Erfurter Staatskanzlei der Staatsvertrag über den Mitteldeutschen Rundfunk durch die Ministerpräsidenten Kurt Biedenkopf, Gerd Gies und Josef Duchac unterzeichnet. Der Vertrag sah die Schaffung einer Drei-Länder-Anstalt mit gemeinsamen Hörfunkprogrammen, jeweils einem Hörfunk-Landesprogramm (MDR 1) und einem gemeinsamen Fernsehprogramm vor.
Es entstanden die länderübergreifenden Hörfunkprogramme MDR Life (ab 1. Januar 2000 „Jump FM", dann „Jump"), MDR KULTUR, MDR info und drei Landesprogramme: MDR 1 Radio Sachsen, MDR 1 Radio Sachsen-Anhalt und MDR 1 Radio Thüringen.
Im Verlauf der weiteren Ver- und Entwicklungen kam später noch der Jugendsender MDR Sputnik hinzu, allerdings außerhalb der ursprünglichen Festlegungen im Staatsvertrag.
Der Staatsvertrag sah außerdem die Errichtung von Funkhäusern in den Landeshauptstädten Dresden, Magdeburg und Erfurt vor.
Der Mitteldeutsche Rundfunk bestand juristisch ab 1. Juli 1991, Sendestart der Programme war der 1. Januar 1992.
Die bisherigen Mitarbeiter, von denen jeder mindestens eine Stasi-Überprüfung überstanden hatte, bewegte natürlich im Vorfeld des Sendestarts die Frage, wie der MDR

personell ausgestattet sein würde, nachdem Stimmen laut geworden waren, die vehement auch einen kompletten personellen Neuanfang am 1. Januar 1992 forderten. Die Unsicherheit wuchs, als im Herbst 1991 die bisherigen Mitarbeiter der Landessender, auch die inzwischen aus den alten Ländern in den Osten gewechselten Journalisten, ihre Kündigung zum 31. Dezember 1991 erhielten. Zeitweise wurde auch über eine völlige Abwicklung der bisherigen Landessender spekuliert. Für einen Neuanfang in ARD-Dimensionen seien die DDR-Journalisten wohl kaum geeignet. In einem neuen öffentlich-rechtlichen Radio wolle niemand mehr die alten Stimmen hören.

Der MDR-Gründungsbeauftragte für Thüringen, Kurt Morneweg, vertrat eine andere Ansicht:

„Meine Meinung war dagegen von Anfang an, daß der neue Rundfunk mit den Leuten aus dem Osten aufgebaut wird – mit wem denn sonst? Anfangs hatte man vermutet, die jungen Leute aus dem Westen würden in Scharen kommen und diese Chance wahrnehmen wollen. Tatsächlich gab es kaum Westbewerbungen, was ich fast sonderbar finde."[4]

Andererseits war Prof. Kurt Morneweg nach Gesprächen mit den Ost-Kollegen überrascht. Zum insgesamt positiven Gesamteindruck gehörte, daß die meisten der ehemaligen DDR-Journalisten eine Lehre absolviert und vor der Journalisten-Karriere einen Beruf wie Melker, Elektriker oder Zerspanungsfacharbeiter erlernt hatten. „Mir gefiel", so Prof. Morneweg im Rückblick, „daß die meisten schon einen direkten Kontakt zur Arbeitswelt gehabt hatten. So etwas gab es im Westen nicht."

Im Herbst 1991 wurde in Weimar mit der intensiven Vorbereitung des neuen Programms begonnen. Von den einhundertfünfunddreißig festangestellten Mitarbeitern des Thüringer Rundfunks konnten achtundneunzig Prozent als freie Mitarbeiter oder mit einer Festanstellung beim Mitteldeutschen Rundfunk arbeiten, dessen Programm „MDR 1 Radio Thüringen" planmäßig am 1. Januar 1992 auf Sendung ging.

„Die Welt"
Zeitungsartikel vom 19. Dezember 1991

[1] Judith Heitkamp, Radio im Umbruch. Umstrukturierung und Abwicklung des Hörfunks der DDR, Diplomarbeit, München 1993, S. 35
[2] Heike Horst, Der 18. März in der DDR: Ein Tag wie jeder andere?, in: „Radiowelt" Nr. 50/1990, S. 14
[3] Frank Thonicke, Mit der D-Mark kommt das eigene Radio, in: „Hessisch-niedersächsische Allgemeine" vom 22. Juni 1990
[4] Radio im Umbruch, S. 84

Vom Kofferstudio zum Mediencenter

Ein Ding von Dauer – Andachten im Thüringer Hörfunk

„Es ist gut, daß etwas Neues beginnt, aber es ist ebenso gut, daß es Dinge von Dauer gibt." Mit dem Dauernden war die christliche Botschaft gemeint, das Neue die durch die Wende gewonnene Möglichkeit, sie auch im Hörfunk des Ostens durch Andachten zu verbreiten. Das war die Botschaft von Kirchenrat Horst Greim, der am 17. April 1990 die erste Morgenandacht im DDR-Rundfunk sprach. Der Sender Weimar hatte an diesem Tag mit der Ausstrahlung von Morgenandachten unter dem Titel „Augenblick mal" begonnen.
Als Kirchenrat Horst Greim zum ersten Mal den Sender Weimar betrat, hatte er ein beklommenes Gefühl, erinnerte er sich zehn Jahre später.
„Am Eingang saß ein Volkspolizist, der den Ausweis kontrollierte, wie das überhaupt beim Rundfunk damals üblich war, daß da sehr streng kontrolliert wurde, wer da hinaus- oder hineinging."
Die Anfrage zur Aufnahme von Andachten war von der evangelisch-lutherischen Landeskirche Thüringen gekommen, Hörfunkdirektor Hilmar Süß hatte spontan positiv darauf reagiert. Bis zum Herbst 1990 produzierte die evangelische Kirche allein Morgenandachten.
Der 17. April war nicht nur ein historischer Tag für den Hörfunk in Thüringen, sondern auch der Beginn einer bis heute ungebrochenen Tradition, der sich im Herbst 1990 auch die katholische Kirche und die Freikirchen anschlossen.
„Ostern als der große Neubeginn", so Horst Greim in der Rückschau auf den 17. April 1990, „den Gott mit Jesus gemacht hat, schien uns ein guter Tag zu sein, daß wir das auch mit dem Hörfunk machen könnten."
Die Ausbildung der Autoren erfolgte innerkirchlich, die Schulung der ersten Sprecher wurde vom Fernsehbeauftragten der Württemberger Landeskirche, Pfarrer Ottheinrich Knödler, übernommen. Die Morgenandachten waren im Programm gut plaziert, sie liefen zur Primetime um 6.05 Uhr und wurden ab 1992 um 9.05 Uhr wiederholt. Später rückten die Morgenandachten, sie hießen nun „Worte zum Tag", auf die Sendeplätze 6.15 und 9.15 Uhr. 1995 wurden die Morgenandachten durch „Gedanken zur Nacht" ergänzt. Neu daran war, daß ein Geistlicher – im Gegensatz zu den eher allgemein gehaltenen Morgenandachten – ein Tagesthema aufgriff und mit dieser Form der Aktualität dem Medium Hörfunk gerechter wurde, aber auch Gelegenheit erhielt, auf Tagesereignisse schnell zu reagieren. Der Katholik Dr. Reinhard Hauke aus Erfurt war Autor der nächtlichen Erstsendung am 5. Juni 1995 um 22.55 Uhr.

Bild links:
Kirchenrat Horst Greim
Foto: MDR

Vom Kofferstudio zum Mediencenter

Vom Kofferstudio zum Mediencenter
Rucksack und Co. – das neue Angebot des Thüringer MDR-Fernsehens

„Das waren die spannendsten und die schönsten Jahre meines Lebens!" Noch acht Jahre später schwärmt Johann Michael Möller von den Vorbereitungen auf das Thüringer MDR-Fernsehprogramm und von den ersten Sendungen.
Der ehemalige Korrespondent der „Frankfurter Allgemeinen Zeitung" war Ende 1989 in die DDR gekommen und arbeitete seit September 1991 für den Mitteldeutschen Rundfunk in Thüringen. Als Hauptabteilungsleiter war Johann Michael Möller für das Fernsehangebot im Landesfunkhaus Thüringen verantwortlich. Möller und seiner Fernsehmannschaft war vor allem eines wichtig: Dem alten und jungen Bundesland Thüringen, das deutschlandweit einen guten Ruf besaß, sollte und wollte das MDR-Fernsehprogramm wieder eine eigene Stimme verleihen.
Tatsächlich gab es in Thüringen Lücken in puncto Landeskenntnisse selbst bei gebürtigen Thüringern, noch nicht einmal eine vollständige Landesgeschichte Thüringens in Buchform lag vor, aus der auch die vielen Neu-Thüringer das Wichtigste hätten entnehmen können. Aber es gab ein Thüringer Bewußtsein bei den Bewohnern des Landes, denn das Symbol „Thüringen" hatte auch nach der Aufsplittung in drei Bezirke standgehalten. Das MDR-Fernsehen in Thüringen wollte mit seinen Sendungen und Beiträgen den Prozeß des Wiederfindens und der Selbstversicherung unterstützen. Neben ARD-Zulieferungen für Sendungen des 1. Fernsehprogramms, meist aktuelle Berichte für die Ausgaben der Tagesschau, waren es fünf Sendungen im 3. Programm des MDR-Fernsehens, an denen sich das Thüringer Sendekonzept festmachte.

Bild links:
Heike Opitz (1.v.l.) und Robby Mörre (4.v.l.)
bei Aufnahmen auf der Wartburg
Foto: MDR

Die Sendungen des Thüringer MDR-Fernsehens

Für die Wahrnehmung Thüringens nach außen und nach innen blieb das Thüringen Journal, das Landesmagazin auf dem 19-Uhr-Sendeplatz vor der Hauptnachrichtensendung MDR aktuell, die wichtigste Sendung. Zum ersten Mal unter dem MDR-Logo wurde das Thüringen Journal am 2. Januar 1992 ausgestrahlt, einem Donnerstag. Landesfunkhausdirektor Kurt Morneweg war mit dem Start zufrieden. „Wer von den Zuschauern vielleicht die Möglichkeit hatte, sich alle drei Landesmagazine in der Nachmittagswiederholung vergleichend anzuschauen, wird festgestellt haben, daß das Thüringen Journal am professionellsten gemacht wird", stellte er zufrieden fest.[1]

Eine junge Mannschaft – die Mitarbeiter waren zwischen zweiundzwanzig und sechsunddreißig Jahren alt – von rund achtzig Leuten war für das Thüringer Programm verantwortlich. Gesendet wurde vorerst weiter aus dem „Stasi-Würfel" in Gera; erst 1994 zog die Thüringer Fernsehredaktion mit Studio und Mitarbeitern in die Landeshauptstadt, welche der Staatsvertrag von 1991 ohnehin zum gemeinsamen Sitz von öffentlich-rechtlichem Fernsehen und Hörfunk in Thüringen bestimmt hatte. Ein MDR-Funkhaus für diesen Zweck gab es 1994 in Erfurt noch nicht; es galt zu improvisieren und die Gebäude in der Alfred-Hess-Straße 37 (eine Villa und einen Plattenbau, in dem zuvor das Thüringer Ministerium für Umwelt und Landesplanung einen vorläufigen Sitz gehabt hatte) für Sendezwecke einzurichten.

Überhaupt wurde in den Anfangsjahren des MDR ab 1991 viel improvisiert. Das betraf bei weitem nicht nur Studios und Technik – auch die Akteure des MDR in Thüringen haben zum Teil unter Bedingungen gelebt und gearbeitet, über die man in den alten Bundesländern nur den Kopf geschüttelt hätte, die aber auch in Thüringen Aufsehen erregten. So staunte im Dezember 1991 die Thüringer Allgemeine:

„Kurt Morneweg kommt nicht aus seiner Heimatstadt Darmstadt zur Arbeit, auch nicht aus einem Erfurter Hotelzimmer, sondern sein gegenwärtiges Domizil ist immer noch ein Wohnwagen in Hohenfelden."[2]

Die schwierige Wohnungssituation in Thüringen nach der Wende war nur ein Hindernis auf dem Weg zu einem guten Thüringer Fernsehprogramm, das sich vor allem durch eines auszeichnete: einen hohen Wiedererkennungswert. Ein Programm, in dem sich die Thüringer mit ihren Sorgen, Problemen und Erfolgen wiederfinden sollten.

„Die Stärke dieses Landes", so Kurt Morneweg, „war immer, daß sich in sehr vielen kleinen Zentren sehr viele kulturelle Aktivitäten entwickelt haben, die Grundlage für den kulturellen Reichtum. ... Daß diese Vielfalt erhalten bleibt und klar wird, daß Thüringen nicht nur aus einem Ballungszentrum besteht, aus Weimar, Eisenach und Erfurt vielleicht, ist eine vordringliche Aufgabe des Senders."[3] Thüringen, das ist vielmehr die Einheit der Vielfalt von Bach, Goethe, Liszt und vor allem des Handwerker- und Gewerbefleißes der Glasbläser, Textilweber, Samenzüchter und vieler anderer.

Die Darstellung dieser Vielfalt hatte sich auch das Flaggschiff des Thüringer Fernsehens zur Aufgabe gemacht: das Thüringen Journal. Moderiert wurde diese Sendung in der Anfangszeit abwechselnd von Michael Wenkel, Claudia Hirnschal und Steffen Quasebarth.

Kurt Morneweg: „Wir haben mit dem jungen Mann einen wirklichen Glücksgriff getan. Er kommt sehr gut an beim Publikum."[4] Steffen Quasebarth hatte eine Karriere, wie sie in dieser Form nur in der Nachwendezeit möglich war, als die Aufbruchstimmung Lebensläufen ganz unerwartete Wendungen gab: Der Erfurter hatte 1989 seine Lehre als Friseur beendet und 1990 eine Sprecherausbildung begonnen, im gleichen Jahr beendete er seine Tätigkeit als Friseur und versuchte sich zunächst bei Thüringen EINS, ehe er eine Sprecherstelle im Thüringen Journal erhielt. Vom Friseur zum Fernsehsprecher – eine Traumkarriere nach der Wende. Im Thüringen Journal wurde präsentiert, was die Menschen in Thüringen bewegte: Reportagen und Nachrichten aus Politik, Kultur, Wirtschaft und Sport. Das Thüringen Journal gab und gibt bis heute vor allem auf eine Frage Antworten: Was ist heute, an diesem Tag, im Freistaat passiert?

Das Thüringen Journal wurde zunächst von Montag bis Freitag ausgestrahlt, inzwischen wird es täglich gesendet. Mittlerweile hat sich das Thüringen Journal ein großes Stammpublikum erobert. Für viele Thüringer beginnt der Fernsehabend mit den wichtigsten Informationen aus Thüringen, die im Länder-Journal aus dem Freistaat präsentiert werden.

Die Vermittlung von Thüringer Identität war auch von Anfang an das Anliegen des „Erfurter Gesprächs", das im Wechsel mit den Landesfunkhäusern in Magdeburg und Dresden jeweils dienstags gesendet wurde und auch noch heute auf diesem Sendeplatz steht. Zunächst als Live-Sendung aus dem Erfurter Palmenhaus am Anger, später als Aufzeichnung oder Live-Sendung aus Gera, wird das Erfurter Gespräch heute aus dem Landesfunkhaus gesendet.

Erfurter Gespräch 1992
Foto: MDR

Die Talk-Show startete als Sendung, in der in intensiven Einzelgesprächen, oder auch mit zwei Gesprächspartnern, Thüringer Themen diskutiert wurden. Die erste Sendung, von Johann Michael Möller moderiert, beschäftigte sich mit dem „Kulturellen Erbe Thüringens als Herausforderung für die Kulturpolitik des Landes". Studiogast war der Minister für Wissenschaft und Kunst, Dr. Ulrich Fickel. Möller sprach in seiner Sendung mit sorgfältig ausgewählten Zeitzeugen, er wollte mit dem Erfurter Gespräch Orientierungen geben und Maßstäbe vermitteln. Es sollten aktuelle Entwicklungen der rasanten neuen Zeit in Diskussionen vertieft werden. Themen waren unter anderem die Wiedergründung der Erfurter Universität, die Bewältigung der SED-Diktatur und Aspekte der Thüringer Landesgeschichte. In den Anfangsjahren des MDR war das Erfurter Gespräch eine Sendung, die eng mit dem Selbstfindungsprozeß der Thüringer verbunden war. Mit den inzwischen gefestigten und geklärten Bindungen der Thüringer an ihr Land und an gewandelte politische, wirtschaftliche und kulturelle Verhältnisse hat sich auch das Erfurter Gespräch den Veränderungen gestellt und will nunmehr Antworten auf die jetzigen Alltagsfragen geben. So beschäftigen sich die Erfurter Diskussionsrunden nicht mehr mit Stasi-Akten, sondern beispielsweise mit den Herausforderungen und Möglichkeiten, die durch neue Medien entstehen.

Der „Idee Thüringen" war auch die Sendung „Thüringen Tour" verpflichtet. Auf einem halbstündigen Sendeplatz wurden zunächst Kultur-Reportagen ausgestrahlt. Dabei teilten sich die drei Landesfunkhäuser diesen Sendeplatz unter dem Gemeinschaftstitel „Bilderbogen". Auch auf diesem Gebiet gab es einen großen Nachholbedarf. So existierte beispielsweise bis 1992 kein Film zu Henry van de Velde und seinem Wirken als Erneuerer des Kunstgewerbes in Weimar. Ähnlich sah es mit weltberühmten Künstlern bzw. Kunstwissenschaftlern wie Lyonel Feininger und Harry Graf Kessler aus. In halbstündigen Reportagen wurden Exponenten und Episoden Thüringer Geschichte dem Fernsehzuschauer nahe gebracht, jeweils mittwochs, später freitags von 21 bis 21.30 Uhr.

Auch die Sendung „Unterwegs in Thüringen", die jeweils sonnabends zu sehen war, widmete sich dem Heimatgedanken in fünfzehnminütigen Reportagen aus allen Regionen Thüringens. Vermittelt wurde Heimatgeschichte, wobei sich Historisches immer mit Aktuellem mischte.

Der Stuibenfall im Ötztal, Tirols höchster Wasserfall, vom Rucksack-Team im Juli 2002 erwandert

Winterstimmung am Rennsteig östlich des Großen Inselsberges – ein „Stammwandergebiet" des Rucksack-Teams

Bild rechts:
Wegweiser in Straußberg. Auch in der Hainleite war das Rucksack-Team schon mehrfach unterwegs.
Fotos: Roland Ludwig

Bildschirmwandern mit Kultstatus – Rucksack

Zu einer Erfolgsgeschichte des Landesfunkhauses Thüringen wurde die Sendung „Rucksack". Seit 1994 im Programm, hat sie inzwischen Kultstatus erreicht. Die Wanderungen von Robby Mörre und Heike Opitz, später auch mit Doreen Kümpel, haben weit über Thüringen hinaus dazu beigetragen, den Freistaat als Wanderziel bekannt zu machen. Aber auch in Thüringen ist die Sendung äußerst populär, und das nicht nur bei Wandervereinen. Landschaft, Kultur, Traditionen – auf diese Weise hat die Sendung Rucksack auf populäre Art dazu beigetragen, Thüringen in der Fülle seiner Vorzüge anschaulich zu machen Thüringen ist eine vielgestaltige Landschaft, durchschnitten von Wegen, die seit Jahrhunderten beschritten werden, die von Dichtern besungen, von den Thüringern geliebt, von Nichtthüringern voller Neugier erkundet werden. Und Thüringen ist ein Land für alle Jahreszeiten. Solche Überlegungen standen Pate, als das Landesfunkhaus Thüringen im Januar 1994 auf dem Sendeplatz Bilderbogen mit der Sendereihe Rucksack begann.

Die Idee entsprang einem lapidaren Satz, den ein Kamerateam bei Dreharbeiten von Thüringer MDR-Zuschauern aufgeschnappt hatte: „Macht doch mal was übers Wandern". Und Redakteurin Eva Hempel, selbst mit viel Natur und Wandern groß geworden, machte daraus einen Programmvorschlag, für den von Anfang der Titel „Rucksack" feststand. Im Oktober 1993 wurde eine Pilotsendung produziert. Rund um Zella-Mehlis sammelte das Team erste Erfahrungen im Bildschirmwandern – und in der Bergbesteigung, denn es ging den Ruppberg hinauf, mit der Kamera, zu Fuß. Die erste Rucksack-Sendung wurde am 21. Januar 1994 gesendet. Im ersten Film lief Robby Mörre noch mutterseelenallein durch die Landschaft, und es war schnell klar – Wandern ist viel schöner zu zweit. In der sportlichen und naturbegeisterten Heike Opitz wurde die ideale Partnerin gefunden, und als sie 1997 ihren zweiten Sohn zur Welt brachte, schulterte die quirlige Doreen Kümpel an ihrer Stelle den Rucksack.

Am 23. August 2000 wurde die 100. Rucksack-Sendung ausgestrahlt, aus der Holsteinschen Schweiz. Seit 1998 ist der Rucksack nämlich auch außerhalb Thüringens auf Tour, denn zwischen Harz und Rhön, Vogtland, Schiefergebirge und Thüringer Wald gibt es kaum noch Wege, die nicht begangen sind. So zeigt Rucksack mittlerweile auch die Schönheiten von Sauerland, Spessart, Fichtelgebirge, Frankenwald, Alpen, Fränkischer Alb und Fränkischer Schweiz, Ostsee und Mecklenburg, Mainfranken und des Böhmerwalds. Aber ein Höhepunkt war zweifelsohne der Rennsteig, der 1997 in drei Rucksack-Folgen in seiner kompletten Länge vorgestellt und auch von der Selbitz in Blankenstein bis zur Werra in Hörschel erwandert wurde – 168,3 Kilometer in sechs Tagen als klassische Rennsteig-Tour. Es gehört zum Prinzip des Rucksack, daß alle Strecken vor den Dreharbeiten gelaufen werden, sonst wären die Schönheiten, Blicke und Geschichten nicht zu finden und die Anstrengungen nicht nachzuvollziehen.

Insgesamt hat das Team bisher fast 3000 Kilometer erwandert und per Bildschirm vorgestellt. In jeder Folge wird eine Tagesroute erkundet, die für jeden zu bewältigen ist. Dabei erzählen die beiden Fernsehwanderer viele Geschichten, lernen sie die Leute von ihren besten Seiten kennen und erfahren so manches Unbekannte über Land und Leute. Nicht zuletzt sind es zu jeder Jahreszeit Natur und zauberhafte Landschaft, die der halb-

REYKJAVIK 2340 KM
Venedig
ATHEN 1746 km
ERFURT 74 km
OSLO
HELSINKI 1280 km

Der erste Sitz des Landesfunkhauses Thüringen in der Erfurter Alfred-Hess-Straße
Foto: MDR

stündigen Sendung ihren Reiz verleihen. Die Rucksack-Kamerateams betrachten die Sendung als sehr schöne Aufgabe und sind für alle Wetter- und Höhenlagen bestens ausgerüstet, jeder von ihnen hat mindestens schon ein Paar Wanderschuhe verschlissen.

Die Sendereihe ist zu einem Muß für Wanderfreunde geworden und genießt weit über das Sendegebiet hinaus große Beliebtheit. Warum, darüber hat das Rucksack-Team seine eigene Philosophie: Vielleicht weil es gelingt, die Harmonie des Wanderns, das Naturerlebnis, das große Durchatmen beim Blick über Landschaften und die begeisterte, von ehrlichem Interesse geprägte Begegnung mit den Menschen am Bildschirm zu vermitteln – ohne Künstelei und Inszenierung. Ganz einfach, weil alle gern wandern. Vielleicht, weil das Bemühen um die schönsten Perspektiven, die kleinen Dinge am Wegrand, die großen Landschaften für den Wanderfreund zu Hause spürbar wird, als das Eigene, das Besondere am Rucksack. Zumindest ist das aus der Zuschauerpost herauszulesen, die aus allen Regionen Deutschlands die Redaktion erreicht. Außerdem kann jeder Zuschauer das nacherleben, was Doreen, Heike und Robby gezeigt haben, denn zu jeder Tour wird eine Wanderbeschreibung herausgegeben – per Post oder per Internet.

Thüringen privat – Information und Unterhaltung

1997 löste die Sendung „Thüringen privat" die „Thüringen Tour" ab. Ein Magazin, das es in dieser Form für Thüringen noch nie gegeben hatte. Mit Thüringen privat wurde die bereits bundesweit erfolgreiche Magazinmischung aus Informationen und Unterhaltung zum ersten Mal aus einer Region für eine Region angeboten. Das Magazin bietet „Menschliches, Emotionales und Spektakuläres".

Im Mittelpunkt der Geschichten von Thüringen privat stehen Menschen, die prominent sind oder unbekannt, die vielleicht anderen in außergewöhnlichen Situationen geholfen haben, die seltenen oder seltsamen Hobbys nachgehen oder die „Neuland" beschreiten. Regelmäßig werden in Thüringen privat die in MDR 1 Radio Thüringen gewählten „Thüringer des Monats" vorgestellt. Weitere Rubriken sind „Im Ernst!?", „Privat-Szene" und „Privat-Service". In der ersten Sendung am 5. Februar 1997 wurde Karola Alvares Merida porträtiert, eine Thüringerin, die noch zu DDR-Zeiten mit einem Kubaner in die Karibik übersiedelte und nun verarmt auf Kuba lebt. Die Gästeliste von Thüringen privat ist mittlerweile lang: zu Besuch waren unter anderem die Sängerin Ute Freudenberg, Jenoptik-Chef Lothar Späth, der Schauspieler Andreas Schmidt-Schaller, der Rockmusiker Jürgen Kerth und der Politiker Willibald Böck.

Umzug des Thüringer Fernsehens nach Erfurt

Am 6. Juni 1994 ging die provisorische Sende-Ära in Gera zu Ende. Seit diesem Tag werden alle Sendungen des Landesfunkhauses in Erfurt produziert. Im Beisein des MDR-Intendanten Prof. Dr. Udo Reiter wurde das erste Thüringen Journal ab 19 Uhr aus dem neuen Studio in Erfurt gefahren. Mitarbeiter, Ehrengäste und Mitglieder des Rundfunkrates verfolgten auf Monitoren die erste Regionalsendung aus Erfurt. Alles lief wie am Schnürchen – vom Interview mit Prof. Reiter über einen Beitrag aus Suhl, die Nachrichten, den Sport und das Wetter bis hin zu Live-Schaltungen in den Garten, wo die Ehrengäste das Thüringen Journal verfolgten. Alles eingepackt in den Prinzen-Titel „Wir sind überall".

Allein fünftausend neue Steckverbindungen mußten geschaffen werden, ehe die erste Sendung aus Erfurt möglich wurde. Mit dem neuen Studio verbesserten sich die Arbeitsbedingungen erheblich. So bestand nun die Möglichkeit, einen Beitrag, der erst unmittelbar vor der Sendung fertiggestellt werden konnte, auch vom Schnittplatz aus einzuspielen. Die wesentlichste Erleichterung aber bestand darin, daß Videokassetten mit fertigen Beiträgen nicht mehr aus Gera nach Erfurt gebracht werden mußten. „Wir wollen", so Landesfunkhausdirektor Kurt Morneweg, „den Thüringer Anteil am Gemeinschaftsprogramm des MDR erhöhen." Mit dem Umzug nach Erfurt seien die Bedingungen dafür wesentlich verbessert worden, so Prof. Morneweg.

Renovierungsarbeiten im Landesfunkhaus
Fotos: MDR

[1] Frank Friedrich, mdr – modern, direkt, regional?, in: Neue Thüringer Illustrierte Nr. 4/1992, S. 66
[2] Eberhardt Pfeiffer, In Funk und Fernsehen sollen sich Thüringer wiedererkennen, in: „Thüringer Allgemeine" vom 7. November 1991
[3] ebenda
[4] mdr – modern, direkt, regional?, S. 67

Vom Kofferstudio zum Mediencenter

Vom Thüringer Rundfunk zum Mitteldeutschen Rundfunk – MDR 1 Radio Thüringen

Eingang zum Funkhaus in der Weimarer Humboldtstraße 36a
Foto: MDR

Das Programm von MDR 1 Radio Thüringen wurde ab November 1991 vorbereitet. Es blieb wenig Zeit, wenn man bedenkt, daß der Sendestart mit dem 1. Januar 1992 für alle Programme des MDR längst feststand. Matthias Gehler, der Hörfunkchef, und sein Stellvertreter Werner Dieste gingen bei ihren ersten Überlegungen davon aus, ein heimatverbundenes Programm zu schaffen, denn, so ihre Überzeugung, nur eine regionale Ausrichtung bringt Erfolg. Eine Prämisse, für die die Grundlage schon mit dem Programm von Thüringen EINS gelegt worden war. Nun sollte darauf aufgebaut werden. Ein Programm mit hohem Qualitätsanspruch als Gegenpol zum bisherigen zentralen Rundfunk.

Empfangsraum von MDR 1 Radio Thüringen in der Weimarer Humboldtstraße
Foto: MDR

Die schwierige Ausgangssituation 1992

Die Ausgangsposition war schwieriger als bei den Programmen von „MDR 1 Radio Sachsen" und „MDR 1 Radio Sachsen-Anhalt". Denn nach Thüringen strahlten aus drei alten Bundesländern Programme ein. Waren 1989 und 1990 viele Thüringer auf Grund der brisanten Landesinformationen zu treuen Hörern von Thüringen EINS geworden, so ließ das Interesse an diesem Programm mit zunehmender Normalisierung der Verhältnisse wieder etwas nach, die Programme aus Hessen, Bayern und Niedersachsen erfuhren wieder einen stärkeren Zuspruch. Besonders beliebt in Thüringen waren die Sendungen von NDR 2 und von Bayern 1. Bayern 1 erreichte in Thüringen Ende 1991 eine Einschaltquote von über dreizehn Prozent. Darum hatten auch im Laufe des Jahres 1992 bei der ersten Erhebung von Einschaltquoten für die MDR 1-Programme Sachsen und Sachsen-Anhalt bessere Werte als Thüringen. Matthias Gehler und seiner Aufbaumannschaft war diese schwierige Ausgangslage von Anfang an bewußt gewesen. Entgegengesetzt wurde dem – ein Unterschied zu Thüringen EINS – die Formatierung des Musikangebotes. Bei Thüringen EINS hatten im Wechsel zwölf Musikredakteure die Auswahl der jeweiligen Titel getroffen, dabei spielte natürlich der persönliche Geschmack auch eine Rolle. Nunmehr wurde die Musikauswahl nach bestimmten Spielregeln getroffen, die mit persönlichen Geschmack nichts mehr zu tun hatten, sondern sich an Statistiken orientierten, die Aussagen über den Musikgeschmack der Zielgruppe machten. Dabei wurden auch Tageszeit und Wochentag berücksichtigt. Eine solche Auswahl nennen die Fachleute „Formatierung des Musikprogramms".

Umbau des ehemaligen Sendesaals zum Großraumbüro 1992
Foto: MDR

Das fertiggestellte Großraumbüro 1992
Foto: MDR

Aufgaben der viertgrößten ARD-Anstalt
Gespräch mit dem Intendanten des Mitteldeutschen Rundfunks, Dr. Udo Reiter

Haben Sie genügend Journalisten für den Sendestart des MDR?

Nein, wir fangen mit nicht mehr als 1000 Mitarbeitern an, also mit einer Notbesatzung. Andere Sender mit vergleichbaren Programmaufgaben haben über 3000 Mitarbeiter.

Was sind die Ursachen dafür?

Das ist einfach die Kürze der Zeit. Wir standen vor der eigentlich unlösbaren Aufgabe, die viertgrößte ARD-Anstalt in nur vier Monaten aufzubauen. Insgesamt hat der MDR 86 Prozent Journalisten aus dem Osten, davon die Mehrzahl aus dem Bereich der Einrichtungen.

Die Leitungsebene aber ausgenommen.

Das trifft nur bei den Direktoren zu. Dort brauchte ich dringend Leute mit ARD-Erfahrungen. Bei den stellvertretenden Direktoren sind bis auf eine Ausnahme alle aus dem Osten. Damit haben wir die Tandemlösung an der Spitze gebildet, die auch sehr gut funktioniert. Das ganze Ost-West-Argument ist sicherlich wichtig, und möglicherweise haben wir es auch am Anfang in seiner Brisanz unterschätzt. Aber es ist letztlich ein rückwärtsgewandtes. Die Problematik wird sich mit der Zeit auflösen. In der konkreten Zusammenarbeit gibt es jetzt schon keine Probleme.

Es wird dem MDR vorgeworfen, daß er ein Parteiensender sei und den drei Landesregierungen nahesteht.

Das sehe ich nicht so. Wenn man sich die fünf klassischen Direktoren bei uns anschaut: Einer gehört der CDU an, einer der SPD, einer der FDP, zwei sind parteilos. Der Intendant ist auch parteilos.

Aber zwei der drei Landesrundfunkchefs gehören der CDU an.

Landesrundfunkhäuser sind dann noch eine andere Geschichte. Da ist es überall in der ARD so, daß das Prinzip „curius regio eus religio" herrscht. Darüber kann man streiten. Es hat etwas für und gegen sich.

Bleiben wir noch beim Rundfunk: Warum ein so relativ seichtes MDR-life-Programm? Hätten Sie nicht auch Neues ausprobieren können?

Es ist nicht das einzige, was wir machen. Es gibt eine Art von Informationsvermittlung, die einfach den Hörgewohnheiten entspricht. Die braucht aber wegen ihrer Kürze nicht seicht zu sein. Es geht um die Frage, wie gut etwas recherchiert und gemacht ist.

Wie sehen Sie die Aufgaben des Fernsehens?

Was das Fernsehen betrifft, steht uns die Aufgabe der Integration nach Westen zu. Da haben wir mit der ARD und elf Prozent am Gemeinschaftsprogramm das ideale Instrument. Auf der anderen Seite sehe ich die zweite Integrationsaufgabe heute nach Osten. Von der geographischen Lage und von der politischen Situation her ist es eine wirklich einmalige Chance.

Frage zu den Finanzen: Befürchten Sie, daß Gebühren und Werbeeinnahmen nur ein Handgeld bleiben, wenn Sie z. B. MDR Kultur oder MDR Info halten wollen?

Die Programme werden mit Sicherheit nicht sterben. Radioprogramme sind relativ billig. Sehr viel teurer ist das Fernsehen. Insgesamt ist die finanzielle Situation sicher problematisch. Normalerweise müßten wir mit jährlich 600 Millionen DM rechnen. Die GEZ hat uns schon signalisiert, daß es wegen Einzugsschwierigkeiten nur rund 400 Millionen sein werden. Mit der Werbung sieht es ähnlich aus. Doch mit dem Aufschwung, der hier kommen wird, kann man auch mit dieser Quelle rechnen. Wir erhalten außerdem von der ARD 160 Millionen als Anschubfinanzierung und werden natürlich sparsam arbeiten.

Die Fragen stellten: A. KÖNIG und R. SIMON

Der Intendant des Mitteldeutschen Rundfunks, Dr. Udo Reiter. TA-Foto: P. RIECKE

„Thüringer Allgemeine"
Zeitungsartikel vom 31. Dezember 1991

Zunächst wurde von MDR 1 Radio Thüringen ein „Adult Contemporary-Format", kurz AC-Format, eingesetzt, bei dem melodiöse englische und deutsche Poptitel dominierten. Nach ausbleibender Zustimmung bei den Hörern für diese Musikfarbe und neuen Marktpositionierungen innerhalb der verschiedenen MDR-Programme wurde das Format noch im ersten Halbjahr 1992 geändert und trug nun den Titel „Arabella". Ein Format, bei dem Schlager, Oldies und teilweise auch Volksmusiktitel bestimmend sind.

Bei den Überlegungen, wie das Wortprogramm bei MDR 1 Radio Thüringen strukturiert werden sollte, ließ sich die Planungsgruppe, die den Sendestart intensiv vorbereitete, von der Überlegung leiten, all jenes aufzugreifen, was für das Land Thüringen prägend ist: Kultur, Heimatverbundenheit der Bewohner (Regionalität) und volkstümliche Musik, um nur einige Eckpunkte zu nennen.

Marlene & Co. – Die neuen Sendungen

Darüber hinaus wurden Programmelemente bzw. Sendungen aufgenommen, die der Spezifik der damaligen Zeit entsprachen. So waren auch 1992 Gespräche noch ein ganz wichtiger Faktor des öffentlichen Lebens, denn viele Menschen brauchten Orientierungshilfen. Mit der Sendung „Querschläger – Talk im Sender" wurde diesem Bedürfnis Rechnung getragen. Diese Sendung am Donnerstagabend orientierte sich mit dem Sendeplatz am populären „Donnerstagsgespräch" des DDR-Fernsehens, das in der Wendezeit viel Zuspruch erfahren hatte.

Ein weiteres Novum war die Einführung einer Kultursendung. Bevor „Marlene" am 5. Januar 1992 zum ersten Mal mit den Moderatoren Ulrike Nitzschke und Torsten Unger auf Sendung ging, hatte es mehr als vier Jahre lang gar keine Kultursendung im Thüringer Hörfunk gegeben. Marlene war von Anfang an ein Kultur-Magazin für alle und richtete sich nicht an eine Kulturelite, sondern wollte mit hoher Qualität darüber informieren, was vor allem im Thüringer Kulturleben wichtig war. Marlene berichtet bis heute aus Thüringen in seiner geographischen und kulturellen Vielfalt. Die erste Sendung widmete sich so dem Stadtjubiläum „Erfurt 1250", dem neuen Chefdirigenten der Südthüringischen Philharmonie und der 1992 noch nicht verwirklichten Theaterfusion Gera-Altenburg.

Eine Neuheit war auch die Sendung „Spielwiese". Zwar hatte es im Thüringer Hörfunkprogramm der fünfziger Jahre auch einen Kinderfunk gegeben, aber die Spielwiese stand nicht in der Tradition eines Belehrungsradios.

Moderator Matthias Haase produzierte vielmehr eine Live-Sendung am Sonntagvormittag, bei der Kinder Radio machten und sich dabei an Kinder und Erwachsene gleichermaßen richteten. Kinder erklärten und eroberten sich dabei die Welt, indem sie selbst Interviews führten, aber auch selbst Kindernachrichten produzierten und sprachen.

Zu einer Erfolgsgeschichte des Thüringer Hörfunks entwickelte sich die Sendung „Singletime", die als „Radio intim" 1992 begann. Woche für Woche unterhielt sich Moderatorin Catharina Schroff mit Partnersuchenden und hat seither manche Ehe gestiftet. Anläßlich der fünfhundertsten Sendung im Juni 2000 wurde die fünfundzwanzigste „Singletime-Ehe" geschlossen: Auf der Wartburg heirateten am 22. Juni Heike Herzog und Ronny Bachmann aus Thal.

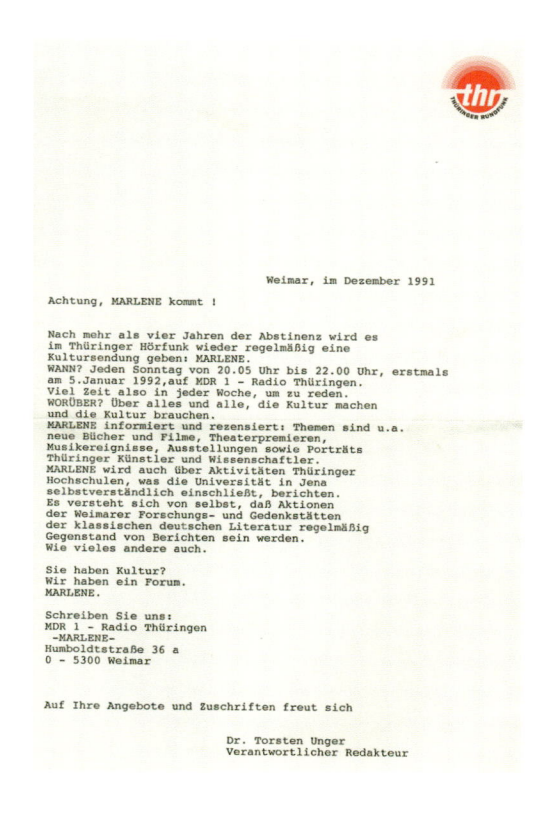

Werbebrief für „Marlene" (Dezember 1991)
Archiv: Dr. Unger

So sah das Tagesprogramm im einzelnen aus:

05.00 Uhr	Auftakt – Guten Morgen in Thüringen (am Wochenende ab 6.00 Uhr)	
09.00 Uhr	Colorit – Themen, Tips und Trends	*(montags – freitags)*
	Freizeit	*(sonnabends)*
	Trüffel – Boulevardmagazin	*(sonntags)*
	Spielwiese (eine Sendung von Kindern für Kinder und Erwachsene)	*(sonntags)*
12.00 Uhr	Golden Memories – Oldie-Sendung	
13.00 Uhr	Thüringen aktuell (Zeitfunkmagazin)	*(montags – sonnabends)*
13.30 Uhr	Radio mit Herz (Gruß- und Wunschsendung bzw. Sendung mit Gästen)	

15.00 Uhr	Land in Sicht (Nachmittagsmagazin)	*(montags – freitags)*
	Sport in Sicht	*(sonnabends und sonntags)*
18.00 Uhr	Thüringen aktuell	
18.30 Uhr	„2451" (Wunschhits per Telefon, 2451 war die Telefonnummer von MDR 1 Radio Thüringen)	
20.00 Uhr	Passport (Musikporträt)	*(montags)*
	Highway (Musik für Countryfans)	*(dienstags)*
	Musikantenstammtisch (Volkstümliche Musik)	*(mittwochs)*
	Querschläger (Talk im Sender)	*(donnerstags)*
	Pop Top (Hörerhitparade)	*(freitags)*
	Total lokal/Tanzlokal (Das Radio vor Ort)	*(sonnabends)*
	Marlene (Kulturmagazin)	*(sonntags)*
22.00 Uhr	Schmusestunde	*(montags – donnerstags, sonnabends)*
	Radio intim Später: Singletime (Radio für Partnersuchende)	*(freitags)*
	Liederzeit (Chansons und Musik von Liedermachern)	*(sonntags)*
23.00 Uhr	Dreiländernacht	

Sichtbarer Ausdruck des Neubeginns 1992 war die Einrichtung eines Großraumbüros im ehemaligen Großen Sendesaal des Senders Weimar. Ziel war die Verbesserung der Kommunikation und die Aufhebung der Vereinzelung aller Mitarbeiter, die jeweils am Programm von MDR 1 Radio Thüringen arbeiteten. Im ehemaligen Sendesaal wurden Fenster eingesetzt und aktuelle Arbeitsbereiche geschaffen: Nachrichten, Zeitfunk, Chef vom Dienst und Reporterarbeitsplätze. Außerdem arbeiteten im neuen Großraumbüro Kolleginnen und Kollegen, die sich um den Programmaustausch kümmerten, also Beiträge bei anderen ARD-Sendern bestellten und dafür sorgten, daß überregional interessante Beiträge von MDR 1 Radio Thüringen anderen Sendern zur Verfügung gestellt wurden.

Zum Neuanfang gehörte auch der Neubau einer Regie. Verfügte das Programm von MDR 1 Radio Thüringen am Tag des Sendestarts neben dem Funkhaus in Weimar über drei weitere Regionalstudios (Erfurt, Gera und Suhl), so kamen im Lauf der Jahre noch weitere hinzu.

PROGRAMMÜBERSICHT — mdr 1 RADIO THÜRINGEN

	MONTAG	DIENSTAG	MITTWOCH	DONNERSTAG	FREITAG	SAMSTAG	SONNTAG	
MORGEN	„AUFTAKT"	– Guten Morgen in Thüringen –				Nachtprogramm bis 6.00 Uhr		5.00 Uhr
VORMITTAG	„COLORIT"	– Themen, Tips und Trends –				„FREIZEIT"	„TRÜFFEL"	9.00 Uhr
							„SPIELWIESE"	11.00 Uhr
MITTAG	„GOLDEN MEMORIES"	– Oldies à la carte –						12.00 Uhr
	„THÜRINGEN AKTUELL"	– Informationen am Mittag –						13.00 Uhr
NACHMITTAG	„RADIO MIT HERZ"	– Von Mensch zu Mensch –						13.30 Uhr
	„LAND IN SICHT"	– Zwischen Kaffeepause und Feierabend –				„SPORT IN SICHT" Die Lust an der Leistung		15.00 Uhr
VORABEND	„THÜRINGEN AKTUELL"	– Fazit vom Tage –						18.00 Uhr
	„2451"	– Wunschhits per Telefon –						18.30 Uhr
ABEND	„PASSPORT" Musikportrait	„HIGHWAY" Brummifunk für Countryfans	„MUSIKANTEN-STAMMTISCH" Die zünftige Rille	„QUER-SCHLÄGER" Talk im Sender	„POP TOP" Hörerhits der Woche	„TOTAL LOKAL" oder „TANZLOKAL"	„MARLENE" Kultur-szenen	20.00 Uhr
	Musikclub: „SCHMUSESTUNDE"	Musikalische Leckerbissen		„RADIO INTIM"		„SCHMUSE-STUNDE"	„LIEDERZEIT"	22.00 Uhr
NACHTPROGRAMM	„DREILÄNDERNACHT" alle drei Wochen eine Woche aus Thüringen							23.00 Uhr

Technikraum des Regionalstudios Heiligenstadt des Landesfunkhauses Thüringen – Hörfunk
Foto: MDR

Studios für Heiligenstadt, Saalfeld, Eisenach und Sondershausen

Anläßlich des Thüringentages am 3. Oktober 1997 wurde nach einer intensiven Vorbereitungszeit das Regionalstudio in Heiligenstadt am Kasseler Tor 19 eröffnet. Vorausgegangen war die Inbetriebnahme einer neuen Frequenz von MDR 1 Radio Thüringen für den Norden des Freistaates. Bereits am 7. August 1997 war die neue Frequenz mittels eines UKW-Kleinsenders um 12 Uhr in Betrieb gegangen. Auf der Frequenz 93,6 MHz konnten nun auch die Nordthüringer das Programm des Heimatsenders störungsfrei empfangen. Mit Inbetriebnahme des Studios war es nun auch möglich, spezielle Regionalnachrichten für Nordthüringen zu senden. Denn wie schon für die Regionalstudios in Suhl, Gera und Weimar bestand jetzt die Möglichkeit, das Programm zeitweise zu splitten. Beispielsweise werden im Frühprogramm um 6.30, 7.30 und um 8.30 Uhr die Programme für die Dauer der Regionalnachrichten auseinandergeschaltet, um jeweils spezielle Meldungen für Nord-, Mittel-, Ost- und Südthüringen senden zu können. Nach jahrzehntelanger technischer Unterversorgung Nordthüringens brach damit eine neue Ära an. Zwar hatten die Korrespondenten von MDR 1 Radio Thüringen regelmäßig auch aus Nordthüringen berichtet, aber mit der eigenen Frequenz ergaben sich ganz neue Perspektiven.

Dem weiteren Ausbau des Korrespondentennetzes von MDR 1 Radio Thüringen und der Verankerung des Heimatsenders in den Thüringer Regionen diente auch die Einrichtung eines Korrespondentenbüros in Saalfeld. Das „Regionalbüro Saalfeld des MDR" in der Klostergasse 10 wurde im August 1999 in Betrieb genommen. Damit waren durch die technische und personelle Ausstattung die Möglichkeiten regionaler Berichterstattung deutlich verbessert worden, denn für viele Ereignisse – wie das Tanz- und Folkfest in

Rudolstadt – war der Aufwand nunmehr deutlich geringer. MDR 1 Radio Thüringen konnte jetzt schneller und effizienter berichten, beispielsweise auch über den Landesrechnungshof, der sich ebenfalls in Rudolstadt befindet.

Eine spürbare Verbesserung der redaktionellen Arbeit war auch mit der Einrichtung weiterer Regionalbüros in Eisenach und Sondershausen verbunden. Hatte aus Eisenach zwar schon seit mehreren Jahren eine Korrespondentin von MDR 1 Radio Thüringen berichtet, so war mit der Installation eines Büros in der Eisenacher Rittergasse 5 ein weiterer Fortschritt der Qualität regionaler Berichterstattung verbunden.

Das „Regionalbüro Eisenach des MDR" in einer ausgezeichneten Lage in unmittelbarer Nähe des Bachhauses ging im Oktober 1999 in Betrieb. Anfang 2000 folgte Sondershausen. Sage und schreibe seit 1926 hatte es in der kleinen Residenzstadt in Nordthüringen kein Hörfunkbüro mehr gegeben. Damals war auf dem Lohplatz eine „Besprechungsstelle" eingerichtet worden, um die Konzerte des gleichnamigen Orchesters übertragen zu können, nun wurde mit der Einweihung eines Büros am Markt 5 die längst überfällige Fortsetzung der regionalen Tradition des Rundfunks in Thüringen vollzogen. Aus der einstigen Residenzstadt des Fürstentums Schwarzburg-Sondershausen und nunmehrigen Kreisstadt des Kyffhäuserkreises, die ein großes Schloß und eine ansehnliche Kulturtradition hat, kann angemessen berichtet werden. Das betrifft nicht nur die Stadt Sondershausen, sondern den gesamten Kyffhäuserkreis, zu dem beispielsweise auch das Kyffhäuserdenkmal und das Panorama-Museum in Bad Frankenhausen gehören.

Neue Frequenzen – der Heimatsender erobert ganz Thüringen

Rasant hat sich seit 1992 auch die Frequenzsituation des Heimatsenders entwickelt. Verfügte MDR 1 Radio Thüringen beim Sendestart am 1. Januar 1992 über fünf UKW- und eine Mittelwellenfrequenz, so kamen seither acht neue UKW-Frequenzen hinzu. Diese Tatsache darf man nicht unterschätzen, denn es handelt sich bei weitem nicht nur um eine Verbesserung der technischen Qualität. Mit den anfänglichen fünf UKW-Frequenzen, die MDR 1 Radio Thüringen Anfang 1992 zur Verfügung standen, war das Programm nicht überall in Thüringen zu empfangen, das Markenzeichen „Heimatsender" war in dieser Zeit noch ein ehrgeiziges Ziel, das man mit der Vergabe neuer Frequenzen mittlerweile erreicht hat. Die „weißen Flecken" auf der Empfangslandkarte wurden getilgt.

Osterspaziergang mit MDR 1 Radio Thüringen und dem Thüringen Journal
Foto: MDR

Frequenzen von „MDR 1 Radio Thüringen" 1992:

UKW	Inselsberg	92,5	MHz
	Sonneberg	91,7	MHz
	Suhl	93,7	MHz
	Weida (Ronneburg)	97,8	MHz
	Weimar	93,3	MHz
Mittelwelle	Weida (Ronneburg)	1458	kHz

Die neuen Frequenzen seit 1992:

Erfurt	94,4 MHz
Heiligenstadt	93,6 MHz
Jena	88,2 MHz
Keula	98,5 MHz
Lobenstein	95,5 MHz
Magdala	92,9 MHz
Nordhausen	88,3 MHZ
Saalfeld	103,6 MHZ

Einführung von Selbstfahrerstudios

Modernes Selbstfahrerstudio
im Landesfunkhaus Erfurt
Foto: MDR

Große Veränderungen für das traditionelle Bild des Hörfunkjournalisten und des Hörfunk-Studiotechnikers bedeutete die Einführung von sogenannten Selbstfahrerstudios. Diese zogen ab 1995 in die Weimarer Humboldtstraße ein. Bisher bestand ein Sendeteam aus einem Moderator, gegebenenfalls einem Redakteur, und einem Studiotechniker. Regie (also Sendetechnik mit Regiepult und CD-Playern) und Moderator (im Sendestudio mit Mikrophon, Gästemikrophonen und einem Arbeitstisch) waren räumlich getrennt, durch eine schalldichte Glasscheibe konnten Moderator und Techniker sich sehen, über eine K-Leitung (Kommando-Leitung) konnten beide miteinander kommunizieren. Ein Selbstfahrerstudio bedeutete die vollkommene Aufhebung dieser traditionellen Rollenverteilung. Im Sinne eines zügigeren Ablaufs, der auch der Sendung mehr Schwung gab, übernahm der Moderator einen Teil der zuvor zweigeteilten Aufgaben: er bedient ein Regiepult, öffnet und schließt das Mikrophon selbst, legt seine CDs selber ein und fährt sie ab, schaltet Telefonleitungen zu Außenreportern und fährt alle vorproduzierten Beiträge auch selber ab: darum nennt man ein so eingerichtetes Studio auch Selbstfahrerstudio. Es beendete die klassische Ära der mit einem Techniker gefahrenen Sendung, die seither zu einer Ausnahme geworden ist. Man fährt Sendungen mit einem Techniker heute nur noch dann, wenn beispielsweise durch eine Vielzahl von Gesprächspartnern (bei Talkrunden) der Aufwand für den Moderator unverhältnismäßig groß ist, so daß man eine Einbuße an journalistischer Qualität befürchten muß.

Selbstfahrerstudios sind heute selbstverständlicher Standard bei MDR 1 Radio Thüringen. Ein weiterer Fortschritt bestand in der Digitalisierung des Programms. Die bisher üblichen Magnetbänder verschwanden. Beiträge und andere Programmelemente wurden nun auf Festplatten gespeichert und über Computer abgefahren.

Der Heimatsender – führend in Thüringen

Das Programm des Heimatsenders schalten täglich fast 775 000 Hörer ein (Stand: August 2002), MDR 1 Radio Thüringen ist in Thüringen einer der meistgehörten Sender. Sein Markenzeichen sind melodiöse deutsche Schlager und Oldies und Informationen sowohl aus und über Thüringen als auch aus Deutschland und der Welt. Egal ob brandaktuelle Meldungen oder Hintergrundberichte aus den Bereichen Politik und Wirtschaft, Kultur oder Sport – MDR 1 Radio Thüringen berichtet mindestens 17 Stunden täglich.

Auch im Internet ist es möglich, unter www.mdr.de/mdr1-radio-thueringen alle wichtigen Informationen abzurufen. Dort werden aktuelle Nachrichten ebenso präsentiert wie die Plazierungen der „MDR 1 Radio Thüringen-Hörerhitparade".

Übergabe des Ü-Wagens mit Satellitenübertragungsstrecke an den MDR Landesfunkhaus Thüringen durch die Firma Audio Technik Wolfenbüttel
Foto: MDR

Vom Kofferstudio zum Mediencenter

Ein Kanal für Kinder – Erfurt auf dem Weg zum Medienzentrum

1994 beschäftigten sich die Programmverantwortlichen von ARD und ZDF zum ersten Mal mit dem Gedanken, einen öffentlich-rechtlichen Kinderkanal ins Leben zu rufen. Anlaß war das gemeinsame Ferienprogramm, bei dem beide Anstalten erstmals intensiv kooperierten. Im August 1995 fand das traditionelle ARD-Kinderfest ebenfalls zum ersten Mal in einem der neuen Länder statt. Auf der Erfurter ega machte MDR-Intendant Prof. Udo Reiter den Vorschlag, in der Blumenstadt nicht nur Kinderfeste zu feiern, sondern hier auch einen gemeinsamen Kinderkanal von ARD und ZDF anzusiedeln. Der neue Spartenkanal sollte zwei Bedingungen erfüllen. Er sollte gewaltfrei sein, und er sollte werbefrei sein.

Bild links:
Kinderkanal bei Aufnahmen
Foto: MDR

Streit um den Standort des Kinderkanals

Auf einer ARD-Tagung Anfang 1996 wurde der Vorschlag durch den Beschluß unterstützt, den Sender in den neuen Bundesländern anzusiedeln. Doch das rief gleichzeitig einen neuen Bewerber auf den Plan. Der Ostdeutsche Rundfunk Brandenburg (ORB) reklamierte den Standort für sich und verwies auf die Kompetenz des Medienstandortes Berlin-Brandenburg mit Fachleuten und Studios in Babelsberg. Der MDR-Rundfunkrat erinnerte dagegen an die zentralistische Medienpolitik der DDR, die sich ausschließlich auf den Raum Berlin-Brandenburg konzentriert hatte, und lehnte diese Bewerbung mit dem Hinweis ab, daß seit mehr als vierzig Jahren der mitteldeutsche Raum in der Medienentwicklung vernachlässigt worden sei. Die Ansiedlung eines neuen Medienunternehmens in Thüringen sei unter diesem Aspekt auch ein Akt der Wiedergutmachung. Anfang 1996 stand aber bereits fest, wann der Kinderkanal sein Programm beginnen würde: am 1. Januar 1997.
Am 22. April 1996 trafen sich die elf Intendanten der ARD zu einer Sitzung in Magdeburg, auf der auch die Entscheidung über den künftigen Standort des Kinderkanals fallen sollte. Die Entscheidung sei auf den Juni vertagt, hieß es aber schon am zweiten Tag der Intendanten-Sitzung. Überraschend wurde aber am 24. April 1996 bekanntgegeben, daß der erste Spartenkanal des öffentlich-rechtlichen Fernsehens seinen Sitz in Erfurt haben werde. ZDF-Intendant Prof. Dieter Stolte hatte schon im Vorfeld der Beratungen angekün-

Ringen um Kinderkanal
Der MDR-Rundfunkrat argumentiert für den Thüringer Standort

Die Position ist bezogen. Der Rundfunkrat des MDR stellt sich hinter den Intendanten Udo Reiter und bekräftigte gestern die Auffassung, den Kinderkanal von ARD und ZDF in Erfurt anzusiedeln. Udo Reiter hatte den Vorschlag im August 1995 auf dem Kinderfest von ARD und „Thüringer Allgemeine" unterbreitet. Damals war noch nicht einmal klar, ob die Kommission zur Ermittlung des Finanzbedarfs der ARD-Anstalten (KEF) überhaupt grünes Licht für einen solchen gewalt- und werbefreien Spartenkanal geben werde. Dies geschah zum Jahresanfang mit der geplanten Gebührenerhöhung auf 28,25 DM. Außerdem faßte die ARD den Beschluß, die Einrichtung in die neuen Bundesländer zu geben.

Der Ostdeutsche Rundfunk Brandenburg (ORB) mit Babelsberg als Standort und der MDR mit Erfurt bewerben sich. Der ORB verweist auf die Kompetenz des Medienstandortes Berlin-Brandenburg, vorhandene Fachleute und Studios. Der MDR-Rundfunkrat plädiert nachhaltig für Erfurt, denn der mitteldeutsche Raum sei durch die zentralistische Medienpolitik der DDR, die sich ausschließlich auf den Raum Berlin-Brandenburg konzentrierte, seit mehr als 40 Jahren in der Medienentwicklung sträflich vernachlässigt worden. Die Ansiedlung eines neuen Medienunternehmens speziell in Thüringen, das besonders benachteiligt war, sei als ein Akt der Wiedergutmachung und des historischen Ausgleichs dringend geboten.

Die gewiß knappe Entscheidung soll Ende April fallen, wenn die Intendanten aller elf ARD-Anstalten auch über den Finanzausgleich beraten. Sendebeginn ist der 1.1.1997.

Ute RANG

„Thüringer Allgemeine"
Zeitungsartikel vom 3. April 1996

digt, daß er sich dem ARD-Votum anschließen werde. Auch wenn die Wahl auf Babelsberg gefallen wäre, hätte man das akzeptiert, aber dem Mainzer Sender war die Entscheidung für die Mainzer Partnerstadt Erfurt gewiß nicht unsympathisch. Am 21. Juni stimmte der ZDF-Fernsehrat dem Projekt auch formell zu. Neben dem federführenden MDR beteiligten sich WDR, SDR, ORB und der NDR an der Produktion des Programms. Mit einem Etat von achtzig Millionen Mark war der neue Sender ausgestattet, und am 1. November 1996 trat Ernst Geyer sein Amt als Programmdirektor an.

Als „Untermieter" des MDR begann der Kinderkanal mit dem Umbau eines alten Heizhauses auf dem Grundstück zwischen der Alfred-Hess- und der Richard-Breslau-Sraße in Erfurt.

Der Kinderkanal würde sich eine Frequenz mit dem Kulturkanal „arte" teilen und von 8.00 bis 19.00 Uhr sein Programm ausstrahlen, das dann durch den deutsch-französischen Kulturkanal weitergeführt würde. Zu den Akteuren würde natürlich all das gehören, was schon seit Jahren einen guten öffentlich-rechtlichen Klang habe, so Ernst Geyer: Pumuckl, Käpt'n Blaubär, die Maus, Günter Kastenfrosch, die Tigerente und der Rabe Rudi. In rund zwei Monaten wurde von November 1996 bis zum Sendestart am 1. Januar 1997 ein Programmschema entwickelt, das die beliebten Sendungen von ARD und ZDF sowie Neuproduktionen zu einem anspruchsvollen Programm zusammenfaßte.

Sendestart im Heizhaus

Pünktlich um 8.00 Uhr am 1. Januar 1997 ging der Kinderkanal auf Sendung. Als Live-Sendung wurde um 14.00 Uhr die Geburtstagsparty gefeiert, die Moderatoren Singa Gätgens, Franziska Rubin und Juri Tetzlaff feierten mit Thüringer Kindern und begrüßten prominente Gäste wie die Eisschnelläuferin Gunda Nieman-Stirnemann und den Liedermacher Gerhard Schöne. Ein Stadtporträt zu Beginn der Sendung stellte die Heimatstadt des Kinderkanals vor. Die Moderatoren Singa Gätgens und Juri Tetzlaff sprinteten durch Erfurt, um schließlich im Studio den Starthebel umzulegen. Der Kinderkanal war die TV-Innovation des Jahres 1997.

Sein Konzept: Attraktivität, Verantwortung und Qualität. Im Zuge der Verflachung von Programmen – besonders bei den privaten Anbietern – wurde nun ein öffentlich-rechtliches Gegenangebot für Kinder gemacht. Je nach Tageszeit bietet der Kinderkanal ein altersgerechtes Programmangebot. So finden sich Trick- und Realprogramme, Spielfilme und Serien in abwechslungsreicher Mischung. Auch preisgekrönte Klassiker sind zu sehen. Informationssendungen wie Kindernachrichten, Trend-Magazine sowie Kultur- und Umweltprogramme ergänzen das Angebot. Die über den Tag eingestreuten, auf Interaktion ausgerichteten Eigenproduktionen oder die wöchentlichen Wunschfilmaktionen geben dem Kinderkanal ein ganz eigenes Profil und einen besonderen Charakter. Das Programm des Kinderkanals ist mittlerweile in vielen Kinderzimmern ein Stammgast, dem auch die Eltern vertrauen können, denn das hochwertige Angebot hat inzwischen auch viele Kritiker von der Leistungsfähigkeit öffentlich-rechtlicher Programme überzeugt.

„Thüringer Allgemeine"
Zeitungsartikel vom 25. April 1996

ANGENEHME ERINNERUNG: Spaß mit dem Sandmann beim Kinderfest von ARD und TA auf der ega. TA-Fotos: H. OBST

Frohe Kunde: 1997 startet der Kinderkanal in Erfurt

ARD-Intendanten entschieden in Magdeburg mit knapper Mehrheit

Der erste Spartenkanal des öffentlich-rechtlichen Fernsehens in Deutschland ist ein Kinderkanal, und er hat seinen Sitz in Thüringen, in der Landeshauptstadt. Der Sendestart ist für Januar '97 vorgesehen. Diese Entscheidung krönte gestern unerwartet die dreitägigen Beratungen, die die Intendanten aller elf ARD-Sender in Magdeburg führten.

Wie kam es zu der eigentlich auf Juni verschobenen Entscheidung? Die ARD-Intendanten sind anscheinend gerade in Entscheidungslaune gewesen. So etwas soll ja geben. Der Sprecher zuckt die Schultern, als er den Beratungsraum verläßt, er will damit wohl seine abschlägige Auskunft vom Vortag relativieren. Da stand die Ampel im Sitzungsmarathon für den Zuschlag zum Kinderkanal nämlich noch auf Rot.

Rot sehen allerdings auch Fachleute in Gedanken an die notwendigen Vorbereitungen, wenn der Sender wie vorgesehen ab Januar 1997 auf dem Bildschirm soll. Eilbedürftig heißt ein solcher Vorgang. Auch eine Fernsehunternehmung braucht unbedingt Sitz und Leitung.

Ob es an sommerlichen Wetter oder der Magdeburger Luft lag, daß die elf Herren doch noch damit zurechtkamen, sei dahingestellt. Die für Erfurt und den Freistaat so erfreuliche Wahl ist allerdings mit denkbar knappem Ergebnis gefallen. Sechs Intendanten stimmten für, fünf gegen den Sendeplatz in Deutschlands grünem Herzen. Ursprünglich war Potsdam-Babelsberg favorisiert, den letztlich ausschlaggebenden Grund sieht der Intendant des Mitteldeutschen Rundfunks (MDR), Udo Reiter, darin, daß „ein Akzent in Mitteldeutschland gesetzt wird und nicht alle neuen Einrichtungen in den jungen Ländern nach Berlin und Umgebung gehen".

Reiter hatte auf dem gemeinsamen Kinderfest von ARD und „Thüringer Allgemeine" im August vorigen Jahres seinen Standortvorschlag unterbreitet. Hansjürgen Rosenbauer, Intendant des Ostdeutschen Rundfunks Brandenburg (ORB), setzte Babelsberg dagegen und argumentierte mit „den klassischen Voraussetzungen der ehemaligen Filmstadt, die dort ohne Zweifel bestehen".

Ökonomie stand gegen die Politik

Es stand somit das überwiegend ökonomische Argument gegen das vor allem politische Reiter erinnerte an die zu DDR-Zeit sträflich vernachlässigte mitteldeutsche Region und nannte die Standortwahl einen „Akt der Wiedergutmachung", wie ihn der Anstand historisch gebiete.

Auch Thüringens Ministerpräsident Bernhard Vogel widersprach dem Brandenburger Werben „in aller Freundlichkeit". Wenn alles immer dahingehe, wo schon einiges vorhanden sei, dann gehöre die komplette ARD eigentlich nach Köln, meinte Vogel.

Einen gewalt- und werbefreien Spartenkanal für die jüngste TV-Kundschaft einzurichten, waren sich ORB und MDR in der Sache freilich längst einig. So konnte Rosenbauer gestern mit Bedauern zwar, aber doch gelassen gratulieren. Der MDR werde schon aus Gründen der Fairneß genau darauf achten, daß Babelsberg ein angemessenes Programm-Volumen zuliefern könne, entgegnete Reiter.

Der MDR sitzt am Mischpult

Dies werden auch andere ARD Sender tun. Der MDR hat zwar die Federführung, das Programm aber wird von vielen Beteiligten gemacht. Die Beiträge – egal, ob Spielsendung, Spielfilm oder Trickkiste – kommen teils aus den umfangreichen Archivbeständen von ARD und ZDF, sind aber auch Neuproduktionen.

80 Millionen Mark umfaßt der jährliche Programm-Etat. Gesendet wird von Erfurt aus, wo etwa 30 festangestellte Mitarbeiter und einige „Freie" arbeiten werden. Die notwendige Technik vergibt der MDR an eine separate Firma – um Kosten zu sparen. Produziert wird bei WDR, SDR, ORB, MDR, NDR, wo ja auch bisher schon beliebte und sehr gute Kindersendungen entstanden sind. Sie bleiben auch künftig im ersten ARD-Programm. Der Spartenkanal ist ein zusätzliches Angebot, das von 8.00 bis 19.00 Uhr über Satellit in Astra-1d durchlaufen soll, wo abends „arte" kommt.

Daß der erste öffentlich-rechtliche Spartenkanal den Kindern gilt, ist kein Zufall. Das gebührenfinanzierte Fernsehen könne nicht länger zusehen, wie Kinder als Adressaten der werbetreibenden Wirtschaft vermarktet werden, erklärte Reiter, man habe die Pflicht, ein Gegengewicht zu setzen. Erfurt wird dafür der Ausgabeort sein. Das ist sicher, auch wenn die offizielle Zustimmung des ZDF bislang noch aussteht. Diese Zustimmung darf aber als sicher gelten, wie „Thüringer Allgemeine" gestern direkt aus der Mainzer Zentrale erfuhr.

ZDF-Intendant Dieter Stolte hatte ja von vornherein stets beschwichtigt, sein Sender werde sich dem ARD-Votum anschließen. Erfurt liegt vergleichsweise nahe bei Mainz und hat nun ebenso wie seine Partnerstadt die Chance, im Gegensatz zu Hamburg, Köln oder Berlin zwar kleiner, doch feiner Medien-Standort zu werden.

Kinder wissen, was sie wollen

Der MDR – zur Jahrtausendwende mit einem Landesfunkhaus auf der ega an einem der schönsten Standorte, die es dafür gibt – und das Land Thüringen stehen in der gemeinsamen Pflicht, nicht geringe Erwartungen zu erfüllen. Die Kinder wissen ohnehin genau, was sie wollen: Bibi Blocksberg, Judith, Sandmann und natürlich auch die Maus.

Ute RANG

Vom Kofferstudio zum Mediencenter

Vom Kofferstudio zum Mediencenter
Trimedial durchs Kulturstadtjahr Weimar 1999 – der MDR-Programmladen

Gläsernes Hörfunkstudio im MDR Programmladen
in Weimar · Torsten Unger am Mikrofon
Foto: Archiv Dr. Unger

Das Kulturstadtjahr 1999 war nicht nur in der Geschichte Weimars ein herausragendes Ereignis, sondern forderte auch den Mitteldeutschen Rundfunk heraus. Das Kulturstadtjahr war für den MDR eine willkommene Gelegenheit, seine Verwurzelung in der Region unter Beweis zu stellen. Der Mitteldeutsche Rundfunk war nicht nur Beobachter, sondern Beteiligter. Am 15. September 1998 wurde im Landesfunkhaus Thüringen ein weitreichender Entschluß gefaßt. Prof. Kurt Morneweg gründete erstmalig in der Geschichte des Mitteldeutschen Rundfunks eine trimediale Redaktion. Hörfunk, Fernsehen und MDR Online mit einem speziellen Internet-Angebot sollten 1999 in einer Sonderredaktion gemeinsam aus Weimar über das Kulturstadtjahr berichten. Die Redaktion „Weimar 99" sollte ihren Sitz – so die Vorstellungen – direkt in der Weimarer Innenstadt haben, um so nah wie möglich am Geschehen zu sein. Im Dezember 1998 waren geeignete Räume gefunden, die ideale Bedingungen für eine angemessene, also umfangreiche Berichterstattung boten. In der Windischenstraße 1, direkt am Weimarer Markt gelegen, in unmittelbarer Nachbarschaft des Rathauses, wurde zum Jahresende 1998 ein dreistöckiges Modekaufhaus frei, das der MDR für die Dauer des Kulturstadtjahres anmietete.

Der MDR mitten in der Kulturstadt

In den folgenden Wochen wurden Redaktionsräume, ein gläsernes Hörfunkstudio und Produktionsmöglichkeiten für Online-Fernsehbeiträge geschaffen. Im Erdgeschoß befand sich neben dem Hörfunkstudio auch ein Ticket- und Souvenir-Verkaufsstand, mit dem der Bereich Presse- und Öffentlichkeitsarbeit des MDR sich am Kulturstadtjahr beteiligte. Zum Verkaufstresen zählte auch eine Hörbar, an der Besucher alle MDR-Hörfunkprogramme kennenlernen konnte. Zur Einrichtung gehörten weiterhin zwei Computer-Terminals, die dazu einluden, durch das Online-Angebot des MDR zu surfen. Dieses Angebot konnte bei Bedarf auch auf einem Plasma-Bildschirm im Erdgeschoß übertragen werden. Aus dem ehemaligen Kaufhaus „Modeexpress Nr. 1" wurde der „MDR Programmladen". Im 1. Stock des Gebäudes entstand ein Großraumbüro mit acht Arbeitsplätzen, in dem Journalisten aus den Bereichen MDR Online, von MDR 1 Radio Thüringen und vom Thüringen Journal des MDR Fernsehens arbeiteten.

Die trimediale Redaktion 1999: „Weimar 99" – v.l.n.r.:
Theresia Schuler, Dr. Torsten Unger,
Christiane Weber, Michael Hesse, Manuela Peter,
Wenke Friedrich, Andreas Reinhardt, Anke Preller,
Claudia Look-Hirnschal, Gisa Kotzan, Annette Selzer,
Katrin Schlenstedt, Ariane Riecker
Foto: MDR

Weltneuheit – Internet-Fernsehen

Eine Besonderheit dieser trimedialen Redaktion war die Produktion eines Online-Angebotes „Weimar 99", das in breiter Gliederung aus der Stadt und dem Umland berichtete. Neben ausführlichen Textnachrichten, einem Veranstaltungskalender, Biographien von Künstlern, Beschreibungen von historischen Gebäuden und Spielstätten sowie einem Überblick über MDR-Sendungen zählte dazu vor allem ein völlig neues Angebot: Fernsehen im Internet.

„www-tv", weimar weltweit-tv, ging am 3. Mai 1999 erstmals ins Netz. Unter der Adresse www.mdr.de/weimar99/www-tv wurde täglich eine neue Sendung zusammengestellt, in der jeweils drei Beiträge von einer Moderatorin präsentiert wurden. Spezielle Web-Reporterteams waren Tag für Tag unterwegs, um für www-tv zu drehen. Um das Angebot von www-tv tatsächlich weltweit attraktiv zu machen, war der Begleittext neben dem Bild zweisprachig, deutsch und englisch.

Ein weiteres Angebot von MDR Online war die Live-Übertragung von Kulturstadt-Höhepunkten – der Eröffnung des neuen Goethe-Nationalmuseums am 1. Mai oder des Festivals „Rosebud red" – über das World Wide Web. Schon die Eröffnung des Kulturstadtjahres am 19. Februar 1999 war live im Netz ausgestrahlt worden. Genutzt wurde dafür eine neue Internettechnologie, „Streaming media". Dabei werden Live-Bilder und -Töne nicht wie bisher im Paket, sondern in einem fortlaufenden Datenstrom übertragen. Zum Online-Angebot gehörten im Kulturstadtjahr auch Chats mit Kulturstadt-Prominenten. So waren neben vielen anderen Kulturstadt-Chef Bernd Kauffmann, Oberbürgermeister Dr. Volkhard Germer und Mäzen Paul Maenz im Programmladen zu Gast. Rockstar Udo Lindenberg stellte ein selbstgemaltes Bild in der von ihm kreierten Likör-Technik, ein sogenanntes „Likörell", für eine Versteigerung über das Internet zur Verfügung, deren Erlös „amnesty international" zugute kam. Lindenberg besuchte ebenfalls den Programm-Laden, um das Bild an den neuen Besitzer zu übergeben.

Schließlich gehörte zum Online-Angebot die virtuelle Stadt „Mein Weimar". Internet-Nutzer konnten ihren Wohnsitz eine Zeitlang nach Weimar verlegen, zumindest virtuell. Bereits am 15. März 1999 konnten die ersten Redakteure mit ihrem Redaktionsleiter Torsten Unger in den Programmladen einziehen, ehe dieser am 5. Mai offiziell durch den Intendanten Prof. Udo Reiter eröffnet wurde.

„Weltpremiere am Markt" überschrieb eine Thüringer Zeitung am folgenden Tag ihren Artikel.[1]

Die MDR 1 Radio Thüringen-Kulturnacht

Neben der weltweiten Verbreitung von Nachrichten über das Kulturstadt-Ereignis spielte die traditionelle Berichterstattung durch Fernsehen und Hörfunk eine nicht unerhebliche Rolle. MDR 1 Radio Thüringen hatte schon am 1. Januar 1999 mit der Ausstrahlung einer neuen Rubrik begonnen: „Weimar in 99 Sekunden".

Zweimal täglich, um 9.30 Uhr und um 19.30 Uhr, wurde mit Kurznachrichten aus der Stadt das berichtet, was am Rande des Kulturstadtgeschehens passierte, zum Beispiel: TV-Star vergißt wertvollen Schal bei MDR 1 Radio Thüringen, Autonomes Kulturzentrum ACC bringt Wunschbriefkasten an, Salve-Fußmatten ausverkauft.

154 mal wurde aus dem Programmladen als Zusatzangebot zum Programm von MDR 1 Radio Thüringen die „Kulturnacht" ausgestrahlt, deren später Sendetermin von 23.05 Uhr bis 24.00 Uhr viele Besucher, Hörer und auch Journalisten skeptisch stimmte. Doch der Erfolg gab dem Redaktionsteam von Torsten Unger recht. Viele Hörer verfolgten die Sendung täglich am Radio oder vor dem Schaufenster des Programmladens. Viele prominen-

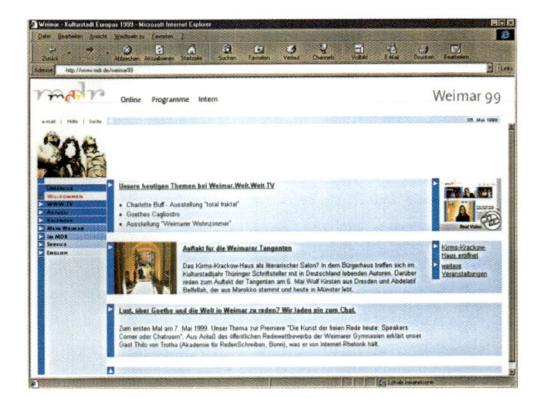

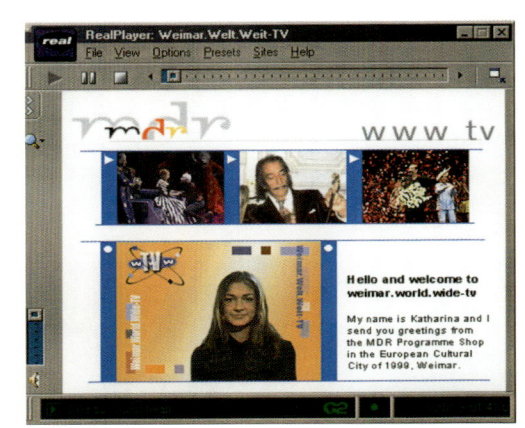

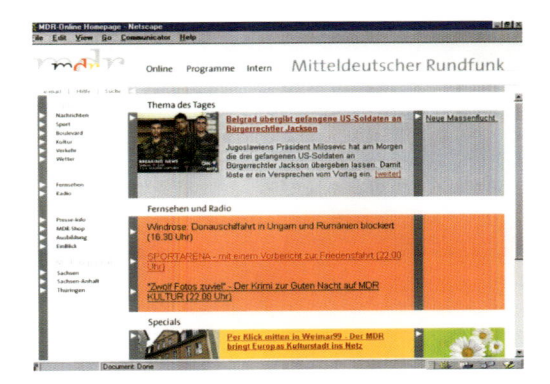

Internetpräsenz im Kulturstadtjahr

te Gäste der MDR 1 Radio Thüringen-Kulturnacht waren nach den Interviews begeistert von der ganz besonderen Studio-Atmosphäre: Regisseur Egon Günther, die Schauspieler Eva-Maria Hagen, Fred Delmare und Heidemarie Wenzel, der Schriftsteller Raphael Seligmann sowie der Autor des Wissenschafts-Bestsellers „Das Goethe-Tabu", Daniel Wilson. Auch einheimische Prominenz gab sich die Studio-Klinke in die Hand: Rolf Bothe, Direktor der Kunstsammlungen, die Intendanten Günther Beelitz und Dietrich Taube, die Generalmusikdirektoren George Alexander Albrecht und Wolfgang Rögner, Jürgen Seifert, Präsident der Stiftung Weimarer Klassik – um nur einige zu nennen.

Von Anfang an wurde auch die erfolgreiche Kultursendung Marlene jeden Donnerstag live aus dem Programmladen gesendet. Auch tagsüber kamen Sendungen aus dem gläsernen Studio, MDR 1 Radio Thüringen hatte einen Teil seines Tagesprogramms in das Studio am Markt verlegt. Die Sendungen „Colorit" am Vormittag und das Nachmittagsmagazin „Radio mit Herz" waren im Sommer 1999 Publikumsmagnet in der Weimarer Innenstadt.

Zum Team des MDR-Programmladens gehörten auch Redakteure des Thüringen Journals. Die Fernseh-Journalisten produzierten neben ausführlichen Berichten für das Landesmagazin um 19.00 Uhr ebenfalls täglich eine Rubrik „Weimar 99", in der auf wichtige Ereignisse des Kulturstadtjahres aufmerksam gemacht wurde. So ist es durchaus zutreffend, was eine Zeitung am 19. Juni 1999 schrieb: „Der ganze Laden ist auf Sendung".[2]

[1] Weltpremiere am Markt, in: „Thüringer Allgemeine" vom 6. Mai 1999
[2] Sabine Brandt, Der ganze Laden ist auf Sendung, in: „Thüringische Landeszeitung" vom 19. Juni 1999

Bild rechts:
Broschüren von 1999
Der MDR in Weimar/Weimar im MDR

Weimar — Der MDR in Weimar 1999

Weimar — Weimar im MDR 1999

Vom Kofferstudio zum Mediencenter

Alles unter einem Dach – das MDR-Funkhaus in Erfurt

Bild links:
1. Spatenstich für das neue Landesfunkhaus am 22. Oktober 1997
Foto: MDR

Im MDR-Staatsvertrag aus dem Jahr 1991 war festgeschrieben, in den drei Landeshauptstädten des Sendegebietes Funkhäuser zu errichten. In Thüringen gab es noch im gleichen Jahr Überlegungen, wo das neue Funkhaus in Erfurt stehen könnte. Landesfunkhausdirektor Kurt Morneweg löste mit dem Vorschlag, das Gebäude auf einem Teilgelände der Erfurter Gartenbauausstellung (ega) zu errichten, eine Diskussion um die Zukunft des ega-Geländes aus, die im Jahr 1994 sogar zum Wahlkampfthema bei den bevorstehenden Kommunalwahlen avancierte. Die Betriebsratsvorsitzende der ega Sylvia Otto kandidierte als Gegnerin der MDR-Baupläne für das Amt des Oberbürgermeisters und erhielt immerhin 5,2 Prozent der Stimmen der Erfurter Wahlberechtigten, was den Sieg des Amtsinhabers Manfred Ruge natürlich nicht ernsthaft gefährdete, aber ein Achtungserfolg war, der die Emotionalisierung des Themas noch einmal vor Augen führte. Im Gespräch war eine Dreiteilung des Areals. Achtunddreißig Hektar des Einhundertzwanzig-Hektar-Geländes sollten dabei als ega erhalten bleiben, die verbleibende Fläche würde zur Errichtung einer Messe bzw. des Landesfunkhauses genutzt – so die Pläne.

Die Geschichte der Erfurter ega

Das ega-Gelände in Erfurt hatte eine lange Tradition, die zur Aufheizung des Themas benutzt wurde:
1885 entstand der Park im Südwesten Erfurts auf Betreiben des städtischen Verschönerungsvereins, später wurde er zum Volkspark umgestaltet. 1950 fand hier die 1. Gartenschau der DDR statt. Für die 1. Internationale Gartenbauausstellung „iga Erfurt 1961" wurde ein landschaftsarchitektonisches Ensemble angelegt, das in seinen Grundzügen nie verändert worden war. Die „iga" (später „ega") zählt zu den wenigen künstlerisch unumstrittenen und anspruchsvoll gestalteten Gartenanlagen, die in der DDR entstanden sind. Die Gesamtplanung hatte in den Händen von Reinhold Lingner gelegen, einem Gartenarchitekten und späteren Professor an der Humboldt-Universität Berlin. Seine Absicht war es, in der formalen Gesamterscheinung der Ausstellung wesentliche Merkmale der freundschaftlichen Verständigung unter den Nationen widerzuspiegeln. Ausdruck dafür war die Anordnung der Hallen um einen großen Freiraum. Ein sechstausend Quadratmeter

MDR verzichtet auf Standort ega

Erfurt (tlz). Das Landesfunkhaus des MDR Thüringen wird nicht auf der Erfurter ega gebaut. Der Mitteldeutsche Rundfunk verhandle über ein anderes Grundstück, sagte gestern Landesfunkhausdirektor Kurt Morneweg. Der auf der ega angebotene Platz sei sehr aufwendig in der Erschließung, deshalb verzichte der MDR. **Landesspiegel Seite 2: Kommentar**

„Thüringische Landeszeitung"
Zeitungsartikel vom 19. Februar 1994

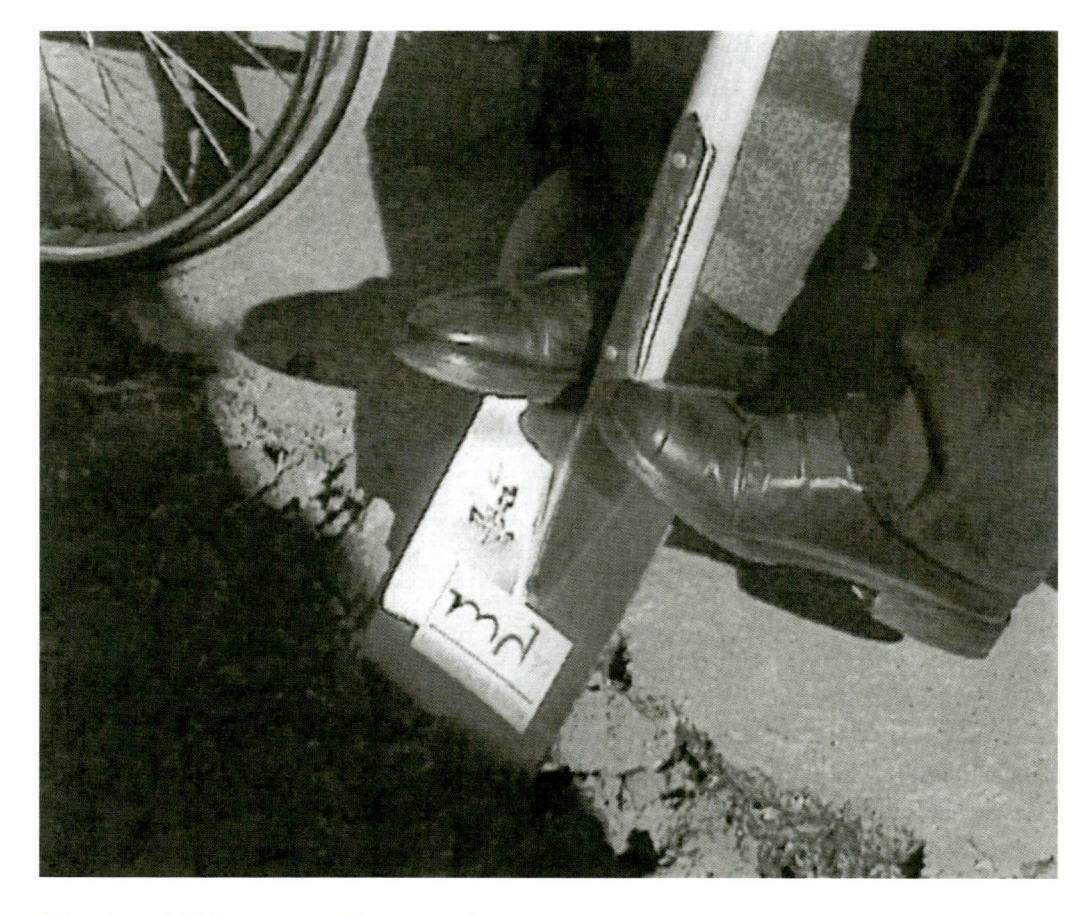

Erster Spatenstich am 22. Oktober 1997
Foto: MDR

Armin Hintze zum Richtfest am 16. September 1998
Foto: privat

Oktober 1997 – erster Spatenstich

Ohne Baugenehmigung sprach der MDR nun Einladungen aus: für den ersten Spatenstich am 22. Oktober 1997. Die Gäste kamen, und als Präsent überreichte Erfurts Oberbürgermeister Manfred Ruge die Baugenehmigung. Damit war der Weg frei für ein Funkhaus, das eine Nutzfläche von siebentausend Quadratmetern haben würde, zu dem neben Büro- und Redaktionsräumen moderne, digitale Studios für Hörfunk und Fernsehen gehören würden. Neben zwei Fernsehstudios war vorgesehen, das Foyer so zu gestalten, daß auch dort Produktionen möglich sind. Neben den Bereichen Hörfunk und Fernsehen sollten der Kinderkanal von ARD und ZDF sowie das Mediendienstleistungsunternehmen „Media & Communication Systems" GmbH (MCS) hier ihren Platz finden: Alles unter einem Dach. Es wurde mit dem Abriß alter Hallen begonnen, die Baugrube ausgehoben und eine Trinkwasserleitung verlegt.

Geplant war eine Investitionssumme von einhundertfünfzig Millionen Mark. Schon längst wurde zu Recht nicht mehr von einem Funkhaus gesprochen, sondern von einem Medienzentrum.

Doch im Dezember 1997 tauchte ein neues Hindernis am Bau-Horizont auf. Die „Arnstädter Bau Union" stellte Konkursantrag. Das Tochterunternehmen der „Fröhlich Bau AG" stellte seine Arbeiten am MDR-Neubau ein. Damit war die für das Jahr 1999 geplante Eröffnung des MDR-Neubaus in Frage gestellt. Die Arbeiten ruhten bis zum Februar 1998, ehe die

Erfurts Oberbürgermeister Manfred Ruge
überreicht die Baugenehmigung
an MDR-Intendant Prof. Dr. Udo Reiter
Foto: MDR

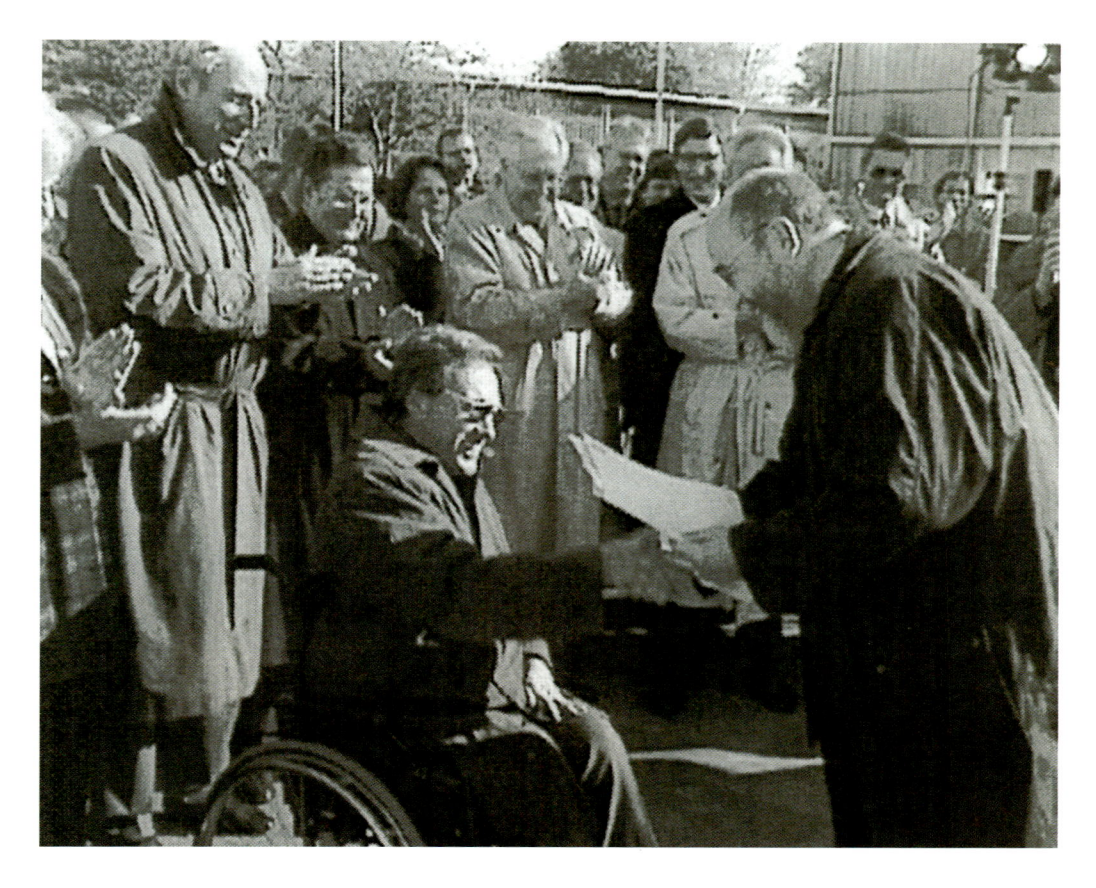

Firma Dickenbrock sie fortsetzte. Doch auch diese Firma mußte bald darauf Konkurs anmelden, ebenso wurde die Glasfassade nicht mehr rechtzeitig vor dem Winter 1998/99 geliefert.

September 1998 – Richtfest

Trotz dieser Serie unerwarteter Hindernisse wurde am 16. September 1998 das Richtfest des MDR-Funkhauses gefeiert. Landesfunkhausdirektor Prof. Kurt Morneweg konnte nicht ohne Stolz auf einen Bau verweisen, der der Thüringer Landeshauptstadt nach seiner Fertigstellung einen weiteren Imagegewinn bringen würde. Erfurt würde neben seiner Gartenbau- und Universitätstradition auch bald für sich in Anspruch nehmen können, Medienstadt zu sein. Die im Jahr 1991 von Prof. Kurt Morneweg gehegte Vision von einem Funkhaus war Wirklichkeit geworden.

Oberbürgermeister Ruge war ebenfalls zufrieden und erinnerte in seiner Ansprache noch einmal an die kontroversen Diskussionen um die Zukunft des ega-Geländes vor mehr als vier Jahren: „Wir haben die ega gerettet", sagte er, „die Stadt mit dem Park, das Land mit der Messe und der MDR mit dem Funkhaus."[1]

[1] Anette Elsner, Der Weg zum Fernsehgarten, in: „Thüringische Landeszeitung" vom 17. September 1998

Der Weg zum Fernsehgarten
Gestern Richtfest für MDR-Funkhaus

Von Anette Elsner

Hochheim. (tlz) Vom „Fernsehgarten" à la ZDF träumt OB Manfred Ruge und schwärmt, daß für die jüngsten Deutschen dank des Kinderkanals Erfurt schon die „Fernseh-Hauptstadt" sei. Ministerpräsident Bernhard Vogel zählt freudig die Richtfeste und Grundsteinlegungen dieses Jahres in der Landeshauptstadt auf — von Chirurgischem Zentrum bis Unibibliothek. Anlaß war ein weiteres Richtfest — für das MDR-Funkhaus zwischen ega-Park und Messegelände (die TLZ berichtete gestern). MDR-Intendant Udo Reiter versprach, daß in einem Jahr Einzug gefeiert werde.

Beherbergen wird das 95 Meter lange und 15 Meter hohe Landesfunkhaus, in das 150 Millionen Mark investiert werden, dann auch den Kinderkanal von ARD und ZDF sowie die private MDR-Tochtergesellschaft MCS. Neben Büro- und Redaktionsräumen finden sich dort Studios für Hörfunk- und Fernsehproduktionen, eine Tiefgarage mit 100 Stellplätzen sowie 70 weitere Parkplätze in den Außenanlagen. 1991 habe der MDR den Auftrag für ein Landesfunkhaus bekommen, blickte Reiter zurück, und Funkhaus-Chef Kurt Morneweg habe sich schon immer für den jetzigen Standort ausgesprochen. OB Ruge ging noch einmal auf die Dreiteilung der ursprünglichen ega ein, die seinerzeit für viel Wirbel gesorgt hatte: „Wir haben die ega gerettet", blickte er zufrieden zurück, „die Stadt mit dem Park, das Land mit der Messe und der MDR mit dem Funkhaus."

Als Schritt auf dem Weg zum Medienstandort Erfurt wertete der Ministerpräsident den Landesfunkhaus-Neubau und verwies auf die zahlreichen Studiengänge im Medienbereich an Thüringer Hochschulen. „Der langen Planung folgte eine kurze Bauzeit", sagte er, „ich hoffe, daß das auch für den letzten Abschnitt gilt."

„Krone hoch" befahl Norbert Schneemann, nachdem er mit Richtspruch und zerschlagenem Glas traditionell das Richtfest beendet hatte. *Foto: Elsner*

„Thüringische Landeszeitung"
Zeitungsartikel vom 17. September 1998

Vom Kofferstudio zum Mediencenter

Vom Kofferstudio zum Mediencenter
Das neue Funkhaus in Erfurt – ein Mediencenter

Am 1. September 2000 wurde in Erfurt Thüringens modernstes Medienzentrum eröffnet. Der MDR-Neubau beherbergt neben den Bereichen Hörfunk, Fernsehen und Online des MDR LANDESFUNKHAUSES THÜRINGEN den Kinderkanal „KI.KA" von ARD und ZDF und das Mediendienstleistungsunternehmen „Media & Communication Systems (MCS) GmbH". Um die Redaktionsräume, Verwaltungsbüros, Studios und anderen technischen Einrichtungen auf modernstem Stand auszurüsten, wurden beispielsweise 222 Kilometer Kabel verlegt und 2.600 Leuchten installiert. Während der Bauzeit wurden 56.167 Kubikmeter Boden ausgehoben, 14.065 Kubikmeter Beton verbraucht und 1.640 Tonnen Stahl eingebaut.

In Höhe des gesamten Gebäudes gibt es eine Lichtachse mit Galerien und Brücken.

Die beiden Fernsehstudios befinden sich im Erdgeschoß. Eines wird von den Thüringer Fernsehmachern des MDR genutzt, im anderen werden Sendungen des Kinderkanals produziert. Die modernen Hörfunkstudios befinden sich in der obersten Etage. Im dazugehörigen Großraumbüro arbeiten neben den Hörfunkjournalisten auch die Redakteure der Fernsehsendung „Thüringen Journal". Somit findet ein ständiger Austausch von Informationen zwischen den Redaktionen statt. Aus dem Großraumbüro können aktuelle Informationen nach ihrer Bearbeitung auf kürzestem Wege in die Sendung gegeben werden.

Das neue Funkhaus wurde auf einem ehemaligen Teilstück des ega-Geländes errichtet, der „Erfurter Gartenbauausstellung". Der ega-Park steht seit 1992 unter Denkmalschutz. Die Denkmalsituation hat der MDR aufgegriffen, indem er unter anderem mit Architektur und Stellung des Baukörpers – die Längsseite des Gebäudes liegt parallel zur Parkanlage – das historische Konzept des ega-Geländes berücksichtigt hat.

Der 95 Meter lange und rund 15 Meter hohe Neubau an der Gothaer Straße bildet den südwestlichen Raumabschluß des ega-Parks. Bepflanzt mit 39 Bäumen, 720 Sträuchern, 12.500 Bodendeckern und 300 Stauden, ergänzt durch 3.700 Quadratmeter Rasen, wurde auch der Außenbereich an die ega angepaßt. In den Neubau wurden insgesamt 152 Millionen D-Mark investiert, was einer Summe von 77,72 Millionen Euro entspricht.

Landesfunkhaus Erfurt
Fotos: MDR

Zum Autor
Torsten Unger

Unger, Torsten, Dr. phil., geboren 1956 in Erfurt. Seine Kindheit verbrachte Torsten Unger in Quedlinburg und Erfurt. Er besuchte von 1963 – 1975 mehrere Schulen in Erfurt und legte 1975 sein Abitur an der Heinrich-Mann-Schule ab. Von 1975 bis 1978 absolvierte er den Militärdienst. Von 1978 bis 1983 studierte er Germanistik an der Universität Leipzig im Diplomstudiengang und machte 1983 sein Staatsexamen. Ein Forschungsstudium von 1983 bis 1986 schloß sich an. An der Sektion Germanistik und Literaturwissenschaft in Leipzig arbeitete Torsten Unger auf dem Gebiet Linguistische Stilistik bei Doz. Dr. Ursula Kändler. Das Arbeitsgebiet umfaßte die sprachwissenschaftliche Analyse literarischer Texte. In der DDR war eine Arbeitsgruppe an der Martin-Luther-Universität Halle unter Prof. Gotthard Lerchner und Prof. Hans-Georg Werner führend auf diesem Forschungsfeld. Torsten Unger studierte ein Semester an der Martin-Luther-Universität, um sich mit den neuen Arbeitstechniken vertraut zu machen. 1987 promovierte er mit einer Arbeit, die aus der Beschäftigung mit Sprach- und Literaturwissenschaft hervorgegangen war. Das Thema der Arbeit lautete: „Stilistische Untersuchung künstlerischer Reiseliteratur der DDR". Ab 1.9.1986 war Torsten Unger Redaktioneller Mitarbeiter des Senders Weimar. 1989 wurde er Redakteur im gleichen Haus mit den Arbeitsgebieten Aktuelles und Kultur. In der Wendezeit 1989/90 begleitete Torsten Unger vor allem als Reporter und Moderator den Umbruch in der DDR. Seit 1.1.1992 ist er Mitarbeiter des Mitteldeutschen Rundfunks. Er moderierte Zeitfunksendungen und moderiert bis zum heutigen Tag die Sendungen „Marlene – Kulturrevue" und „MDR 1 Radio Thüringen Kulturnacht". 1994 unternahm er eine Studienreise in die USA, um das kulturelle Leben der Vereinigten Staaten kennenzulernen. Seit 1.4.1995 war er Redaktionsleiter Magazine, seit 2002 ist er Planungschef bei MDR 1 Radio Thüringen, außerdem „Chef vom Dienst" und Leiter der Kulturredaktion. Im Kulturstadtjahr „Weimar 1999" war er Redaktionsleiter des MDR Programmladens am Weimarer Markt. Seit 1997 hat Torsten Unger einen Lehrauftrag an der Technischen Universität Ilmenau auf dem Gebiet „Gestaltung von Hörfunkproduktionen". Torsten Unger ist verheiratet, hat zwei Kinder und lebt in Erfurt.

Literaturverzeichnis

Bärnighausen, Hendrik: Historische Bauten und Sehenswürdigkeiten in Sondershausen, Arnstadt 1990

Barth, Bernd-Rainer/Links, Christoph/Müller-Enbergs, Helmut/Wielgohs, Jan: Wer war wer in der DDR. Ein biographisches Handbuch, Frankfurt/Main 1995

Benjamin, Walter: Gesammelte Schriften, Frankfurt 1991

Eppelmann, Rainer/Möller, Horst/Nooke, Günter/Wilms, Dorothee (Hrsg.): Lexikon des DDR-Sozialismus. Das Staats- und Gesellschaftssystem der DDR, Paderborn/München/Wien/Zürich 1997

Goldhammer, Klaus/Zerdick, Axel: Rundfunk Online. Entwicklung und Perspektiven des Internets für Hörfunk- und Fernsehanbieter, Berlin 1999

Günther, Gitta/Huschke, Wolfram/Steiner, Walter: Weimar. Lexikon zur Stadtgeschichte, Weimar 1993

Heitkamp, Judith: Radio im Umbruch. Umstrukturierung und Abwicklung des Rundfunks der DDR, Diplomarbeit, München 1993

Herbst, Andreas/Ranke, Winfried/Winkler, Jürgen: So funktionierte die DDR, Reinbek 1994

Hertle, Hans-Hermann: Chronik des Mauerfalls, Berlin 1996

Heym, Stefan/Heiduczek, Werner: Die sanfte Revolution, Leipzig/Weimar 1990

Klump, Brigitte: Das rote Kloster, Hamburg 1978

La Roche, Walther von/Buchholz, Axel: Radio-Journalismus. Ein Handbuch für Ausbildung und Praxis im Hörfunk, München/Leipzig 1997

Meyers Neues Lexikon, Leipzig 1962

Meyers Taschenlexikon, Mannheim/Leipzig/Wien/Zürich 1998

Müller, Karl: Erinnerungen an meinen Freund Herbert Roth, Suhl 1996

Nietzsche, Friedrich: Kritische Studienausgabe, München/Berlin/New York 1988

Pfau, Hagen/Lieberwirth, Steffen: Mitteldeutscher Rundfunk. Radio-Geschichte(n), Altenburg 2000

Post, Bernhard/Wahl, Volker (Hrsg.): Thüringen Handbuch 1920 – 1995, Weimar 1999

Riedel, Manfred: Nietzsche in Weimar. Ein deutsches Drama, Leipzig 1997

Schwarzkopf, Dietrich: Rundfunkpolitik in Deutschland, München 1999

Wagner, Wolf: Kulturschock Deutschland, Berlin 1996

Wolle, Stefan: Die heile Welt der Diktatur, Berlin 1998

75 Jahre Radio in Deutschland, CD-ROM des MDR, Leipzig 1998

Personenverzeichnis

Abendroth, Hermann 29, 30, 60
Adam, Adolphe 60
Adameck, Heinz 82
Albrecht, George Alexander 138
Alvares Merida, Karola 119
Ardenne, Manfred von 79
Arnold, Bernd-Peter 105

Bach, Johann Sebastian 29, 73, 114
Bagehorn, Traudel 42
Bardohn, Joachim 83, 84, 94, 96
Beck, Walter 46
Beelitz, Günther 138
Beethoven, Ludwig van 29, 59, 60
Benjamin, Walter 34
Biedenkopf, Kurt 14, 106
Biermann, Wolfgang 84
Böck, Willibald 119
Böhm, Karl 59
Börne, Ludwig 25
Bothe, Rolf 138
Brahms, Johannes 29
Brand, Dieter 60
Brandt, Willy 85
Bredow, Hans 9
Brill, Hermann 45
Bruckner, Anton 29
Büchel, Bernd 93
Büchner, Matthias 99
Bund, Hans 59

Cäsar 35
Cilensek, Johann 60

Clinton, Bill 75

Delmare, Fred 138
Dieste, Werner 6, 121
Dionysos 35
Dubianski, Rene 60
Duchac, Josef 14, 95, 106
Dufft, Hans-Joachim 83

Eggerath, Werner 42
Eisler, Hanns 52
Ellrodt, Käthe 38, 83
Enderle, Ursula 49
Epikur 35

Farenburg, Hanns 80
Feininger, Lyonel 115
Fickel, Ulrich 115
Förster-Nietzsche, Elisabeth 33, 34
Freudenberg, Ute 119
Fricke, Dieter 89
Fritsche, Hans 25

Gätgens, Singa 132
Gebhardt, Willy 42
Gehler, Matthias 121
Germer, Volkhard 137
Geyer, Ernst 132
Gies, Gerd 14, 106
Goebbels, Joseph 13, 35, 79
Goethe, Johann Wolfgang 25, 31, 35, 85, 114
Goette, Wolf 60

Greim, Horst 14, 109
Grillparzer, Franz 25
Günther, Egon 138

Haase, Matthias 124
Hacks, Peter 52
Hagen, Eva-Maria 138
Hahn, Eckehard 87
Hahn, Karl-Heinz 89
Hartmann, Jürgen 142
Hartung, Alfred 37
Hasse, Heidi 83, 94
Hauke, Reinhard 109
Heckmann, Johannes 24, 25
Heiß, Kurt 81
Heller, Hans-Joachim 42
Hempel, Eva 116
Hennecke, Adolf 31
Hermasch, Arthur 29, 36
Hertz, Heinrich 9
Heuschkel, Sven 94
Heynowski, Walter 63
Hirnschal, Claudia 114
Hitler, Adolf 25, 26, 34, 35
Hofmannsthal, Hugo von 33
Höhn, Erich 63, 65
Honecker, Erich 27, 68, 83, 85
Horaz 35
Huchel, Peter 52
Hytrek, Hubertus 36

Kaufmann, Bernd 137
Kelm, Hartwig 105

Kerth, Jürgen 119
Kesselring, Albert 35
Kessler, Harry Graf 33, 115
Kiemlen, Roland 36
Klinger, Friedrich Maximilian 25
Knödler, Ottheinrich 109
Kolesnitschenko, Ivan S. 23, 24
Kümpel, Doreen 116, 118

Latzko, Ernst 10, 11
Lenz, Jakob Michael Reinhold 25
Lindenberg, Udo 27, 137
Lingner, Reinhold 141
Liszt, Franz 25, 114
Lortzing, Albert 60
Lucchesi, Immanuel 73
Lutter, Adalbert 59
Lutz, Günter 35
Lutze, Gert 73

Macchiavelli, Niccclo 35
Maenz, Paul 137
Mann, Bruno 11
Mann, Thomas 25
Marconi, Guglielmo 9
Matacic, Lovro von 73
Mendelssohn Bartholdy, Felix 25
Meyer, Wilhelm Ernst 71
Möller, Johann Michael 113, 115
Montaigne, Michel de 35
Morneweg, Kurt 14, 15, 107, 113, 114, 119, 136, 141, 142, 145
Mörre, Robby 116, 118
Mozart, Wolfgang Amadeus 35
Mühlfenzl, Rudolf 14, 97, 106
Müller, Armin 89
Müller, Gerhard 100
Müller, Heiner 52
Müller, Karl 52
Müller, Manfred 106
Murero, Hugo 80
Mussolini, Benito 35

Napoleon Bonaparte 35
Neubeck, Ludwig 13
Niemann-Stirnemann, Gunda 132
Nietzsche, Friedrich 33, 34, 35
Nipkow, Paul 79
Nitzschke, Ulrike 124

Opitz, Heike 116, 118
Ostermuth, Friedrich 38, 39, 42, 55
Otto, Sylvia 141

Pascal, Blaise 35
Paul, Rudolf 23, 36
Platon 35

Quasebarth, Steffen 114

Raffelt, Hubert 90, 91
Reinhardt, Eva 90
Reiter, Udo 119, 131, 137
Reitz, Robert 11
Riedel, Marian 93, 94
Riemann, Beate 87
Rödel, Wolfgang 42
Rögner, Wolfgang 138
Rohde, Lothar 17
Rößler, Herbert 73
Roth, Herbert 46, 51, 52, 59
Rubin, Franziska 132
Ruge, Manfred 141, 142, 144, 145

Scheumann, Gerhard 63, 65
Schmidt, Erich 83
Schmidt-Schaller, Andreas 119
Schnitzler, Karl Eduard von 81
Schoder, Thilo 71
Schöne, Gerhard 132
Schöner, Sonja 73
Schopenhauer, Arthur 35
Schostakowitsch, Dmitri 30
Schostakowitsch, Maxim 89
Schreier, Peter 89
Schroff, Catharina 124

Schultze-Naumburg, Paul 34, 35
Schumann, Robert 60
Schwarz, Hermann 17
Seifert, Jürgen 138
Seligmann, Raphael 138
Sindermann, Horst 65
Sondermann, Harald 31, 59, 60
Sokrates 35
Sophokles 35
Späth, Lothar 119
Spielhaus, Max 59
Stalin, Josef W. 68, 82
Steinhäuser, Hans-Peter 110
Stendhal 35
Stier, Hermann 26, 36
Stolte, Dieter 131
Stoph, Willi 85
Strathmann, Friedrich 11
Süß, Hilmar 103, 109
Swatek, Arthur 100

Taube, Dietrich 138
Tausk, Werner 38
Tetzlaff, Juri 132
Thukydides 35

Ulbrich, Franz 10
Ulbricht, Walter 52, 85
Unger, Torsten 6, 7, 124, 137

Velde, Henry van de 33, 34, 71, 115

Wagner, Richard 25, 35, 60
Weber, Gustav 38
Weingartl & Säckel 143
Wenkel, Michael 101, 114
Wenzel, Heidemarie 138
Werner, Heinrich 31
Wilson, Daniel 138
Wolff, Walther 39

Ziegenhals, Johannes 51, 52, 59
Zülsdorf, Erich 81

Chronik des Rundfunks in Thüringen

1888
Heinrich Hertz weist die Existenz elektromagnetischer Wellen nach

1901
Erste Funkbrücke über den Atlantik

1902
Gründung einer „Gesellschaft für drahtlose Telegraphie" in Deutschland

1917
Hans Bredow, der spätere Rundfunk-Kommissar im Reichspostministerium, überträgt Musik und Wortsendungen mit einem Röhrensender

In Leipzig entsteht eine innerstädtische „Versuchsanlage für drahtlose Telephonie" mit Übertragungen eines „Wirtschaftsrundspruchs", zunächst mit Morsezeichen

1922
Installation von Antennenanlagen in Erfurt, um den „Wirtschaftsrundspruch" empfangen zu können

29. Oktober 1923
Aufnahme eines regelmäßigen Rundfunkprogramms für Deutschland. Die „Sendestelle Berlin" meldet sich erstmals aus dem „Vox-Haus"

22. Januar 1924
Gründung der Mirag in Leipzig („Mitteldeutsche Rundfunk-A.-G., Gesellschaft für Unterhaltung und Belehrung")

1. März 1924
Aufnahme des Sendebetriebs der Mirag mit dem „Meßamtssender der Reichs-Telegraphen-Verwaltung" in Leipzig im Gebäude „Alte Waage" am Markt

1. Juli 1924
In Deutschland gibt es 100.000 angemeldete Rundfunkhörer

24. Januar 1925
Geburtsstunde des Rundfunks in Thüringen mit der Inbetriebnahme der „Besprechungsstelle" in Weimar

4. August 1925
Eröffnung einer „Besprechungsstelle" in Erfurt im „Mode- und Warenhaus Reibstein" in der Schlösserstraße

1925
Einrichtung einer weiteren „Besprechungsstelle" in Jena

1926
Einrichtung von „Besprechungsstellen" in Eisenach auf der Wartburg und im Hotel „Fürstenhof" sowie in Sondershausen

1929 – 1931
Einrichtung von „Besprechungsstellen" in Altenburg, Gera und Gotha

1933
Nationalsozialistische Machtergreifung und „Gleichschaltung" des Rundfunks, in der Folge Angliederung des Mitteldeutschen Rundfunks an den „Großdeutschen Rundfunk"

1934
Erste Fernsehversuchssendungen in Berlin

22. März 1935
In Berlin wird bis 1944 das erste regelmäßige Fernsehprogramm der Welt ausgestrahlt

1942
Der „Reichssender Leipzig" stellt seinen Sendebetrieb ein

März 1945
Einrichtung eines Behelfsstudios des Großdeutschen Rundfunks in Veilchenbrunn bei Oberhof

Mai 1945
Kurzzeitige Wiedereröffnung des „Reichssenders Leipzig" als „Radio Leipzig" durch die amerikanische Besatzungsmacht

Juni 1945
Gebietsaustausch unter den Siegermächten des 2. Weltkrieges, Thüringen wird durch die Sowjetunion besetzt

1. Juli 1945
Die Amerikaner verlassen Thüringen

Sommer 1945
In Thüringen beginnen die Vorbereitungen für den Sendestart eines Rundfunkprogramms

September 1945
Auftrag an die Erfurter Firma Telefunken zur Herstellung eines 0,3 kW-Strahlers, Auftraggeber war die Oberpostdirektion

Oktober 1945
Die Sendetechnik des Behelfsstudios Veilchenbrunn wird im Hotel „Elephant" in Weimar eingebaut

15. November 1945
Installation des Strahlers in Weimar-Belvedere und Versuchssendungen aus dem Hotel „Elephant" und aus der Weimarhalle

20. November 1945
(Wieder)Gründung der „Mitteldeutschen Rundfunkgesellschaft" in Dresden

1. Dezember 1945
Vorfristiger Sendestart des „Landessenders Weimar" als „Aussenstelle der Berliner Rundfunk GmbH", Beginn der regelmäßigen Ausstrahlung von Sendungen

21. Dezember 1945
Das gesamte Rundfunkwesen der Sowjetischen Besatzungszone wird auf Beschluß der Sowjetischen Militärverwaltung der Deutschen Zentralverwaltung für Volksbildung unterstellt

24. Dezember 1945
Übertragung einer Weihnachtsmesse aus den Ruinen des Erfurter Doms nach Berlin

26. Dezember 1945
Offizieller Befehl der sowjetischen Militärverwaltung zur Einrichtung eines Rundfunkprogramms, „Befehl Nr. 1388"

1. Januar 1946
Der Befehl „Nr. 1388" wird offiziell wirksam. In ihm wird verlangt, in der Stadt Weimar „Rundfunkübertragungen zu organisieren"

1. Februar 1946
Baubeginn am Strahler in Erfurt

15. Februar 1946
Der Landessender Weimar erhält eine neue Frequenz: 291 Meter/1031 kHz

14. März 1946
Die Thüringer Landesverwaltung stellt dem Landessender die Nietzsche-Gedächtnishalle zur Verfügung

2. Mai 1946
Beginn der Umbauarbeiten in der ehemaligen Nietzsche-Gedächtnishalle

3. Juni 1946
Programmstart des „Mitteldeutschen Rundfunks" nach dem 2. Weltkrieg

1. Juli 1946
Sendestart im neuen Funkhaus Weimar Humboldtstr. 36a, der ehemaligen Nietzsche-Gedächtnishalle

1. März 1947
Einweihung des Kleinen Sendesaales im Funkhaus Weimar

11. Juni 1947
Offizielle Einweihung des neuen Funkhauses

11. Juli 1947
Einweihung des Großen Sendesaales

Oktober 1947
Der Landessender Weimar strahlt täglich fünf Minuten (zuvor wöchentlich zehn Minuten) eine Behörden- und Verwaltungsfunksendung mit Anordnungen aus

6. Dezember 1947
Versuchssendungen über den neuen Strahler in Erfurt mit einer Sendeleistung von 20 kW

1. April 1948
Beginn der Bauarbeiten im Studio Erfurt und für Regie- und Reporterkabinen im Deutschen Nationaltheater Weimar

1949
Die „Deutsche Wirtschaftskommission" der DDR beschließt die Einführung des Fernsehens in der Sowjetischen Besatzungszone

15. Juli 1949
Einweihung des Studios in Erfurt in der Bahnhofstraße 43/44

28. August 1949
Der Rundfunk überträgt die Goethe-Feier zum 200. Geburtstag des Dichters aus dem Deutschen Nationaltheater Weimar mit einer Festrede von Johannes R. Becher, Thomas Mann hält ebenfalls eine Rede

10. Januar 1950
Konferenz des Landessenders Weimar zur „Betreuung der Werktätigen in den Kurorten Thüringens"

21./22. Januar 1950
Volkskorrespondententagung des Landessenders Weimar

1. Februar 1950
1. Hörerversammlung des Landessenders Weimar

20. März 1950
2. Hörerversammlung „Zuviel Politik im Rundfunk?"

21. Mai 1950
Feierstunde „5 Jahre Landessender" im Weimarer Funkhaus

1. August 1950
Der Landessender Weimar sendet wieder auf eigener Welle 262,3 m/1061 kHz
Das Pausenzeichen sind die ersten Takte des vertonten Goethe-Gedichts „Sah ein Knab' ein Röslein stehn"

23. Mai 1950
Unwetterkatastrophe in Bruchstedt. In der Folge Einrichtung einer Außenstelle des Landessenders Weimar in Bruchstedt

7. Oktober 1950
Zum ersten Jahrestag der DDR wird in Schleusingen ein neuer Strahler in Betrieb genommen

April 1951
Produktion des „Rennsteigliedes" im Funkhaus Weimar

17. Juli 1951
Richtfest für das Fernsehstudiogebäude in Berlin-Adlershof

27. April 1952
Der Landessender Weimar erhält ein neues Sendeschema. Es sieht ein erweitertes Musikprogramm und eine stärkere Berücksichtigung der „Kulturpolitik auf dem Lande" vor

Mit den neuen Sendereihen „Stunde der Jugend", „Thüringer Volksmusikgruppen singen und musizieren", „Kulturgruppen unterwegs" und „Russisch im Funk" hat der Landessender Weimar einen großen Anteil am Programm des Mitteldeutschen Rundfunks

4. Juni 1952
Sendestart einer regelmäßigen Fernsehnachrichten-Sendung des DDR-Fernsehens

23. Juli 1952
„Republikgesetz über die Neugliederung der Länder in Bezirke"

14. August 1952
Der DDR-Ministerrat beschließt die Gründung eines Staatlichen Komitees für Rundfunk

14. September 1952
Sendestart der Programme Berlin I, II und III nach Auflösung der Länder:

Berlin I: politisch-geographische Ausrichtung nach Westen
Berlin II: Kultur und Wissenschaft
Berlin III: volkstümliches Programm

Die Programme des Mitteldeutschen Rundfunks werden eingestellt

1. November 1952
Inbetriebnahme des Studios Suhl

2. Dezember 1952
Inbetriebnahme des Studio Gera

21. Dezember 1952
Offizieller Sendestart des DDR-Fernsehens

1. Januar 1953
Nach Einstellung des Thüringer Hörfunkprogramms zieht in das ehemalige Funkhaus die „Fachschule für Rundfunkwesen" ein

April 1953
Das Studio Erfurt wird Leitstudio für die Bezirke Erfurt, Gera und Suhl

17. August 1953
Fünfzehn Bezirksstudios beginnen mit Eigenprogrammen zwischen 18 und 19.30 Uhr. Die Studios Erfurt, Gera und Suhl senden über die Frequenzen von Berlin I

September 1954
Verlegung des Studios Suhl innerhalb der Stadt

11. September 1955
Wiederaufnahme eines Hörfunkprogramms für Thüringen, produziert im Funkhaus Weimar

21. Juni 1958
1. Wartburgkonzert

2. Februar 1960
Das Studio Gera bezieht die Thilo-Schoder-Villa in der Julius-Sturm-Straße

14. Juni 1960
Eigensendung des Studios Gera auf UKW

1. Dezember 1960
Eröffnung des ersten Fernsehstudios in Thüringen im Erfurter „Haus der Presse" am Dalbergsweg

Mai 1962
Einstellung der eigenen Sendung des Studios Gera

1. Februar 1963
Das Studio Suhl stellt seine eigene Sendung ein

3. Februar 1963
Nach einer Neuregelung der Frequenzzuordnung sendet der „Sender Weimar" nun auf den Frequenzen von Radio DDR II

1967
Einrichtung eines Hörfunkstudios auf der Wartburg im „Ritterbad"

1972
Einrichtung eines Fernseh-Korrespondentenplatzes in Gera

1975
Beginn der Kultur-Sendereihe „Weimarer Abend"

1. Mai 1977
Als erstes Bezirksfunkhaus der DDR strahlt der Sender Weimar ein Stereo-Programm aus

21. Juni 1977
Erster „Weimarer Abend" in Stereo

Mai 1981
Wartburgkonzerte werden in Stereo gesendet

22. Februar 1983
Das Studio Suhl wird stereotüchtig

21. April – 5. Mai 1983
Luther-Ehrung auf der Wartburg

1983
Der Sender Weimar führt mehrere Originalübertragungen durch, unter anderem für den Hessischen Rundfunk

1. Januar 1984
Sender Weimar – Vorverlegung des täglichen Sendestarts auf 4.00 Uhr

1. Mai 1986
Sender Weimar – Verlängerung der Sendezeit bis 13.00 Uhr (bisher 10.00 Uhr)

1986/87
Umzug des Wartburg-Studios innerhalb der Burganlage und Ausbau der neuen Räume

1. Mai 1988
Fertigstellung des neuen Wartburgstudios

5. Mai 1988
Der Redaktion des „Senders Weimar" wird der neue Name des Programms bekanntgegeben: „Thüringenwelle"

9. Oktober 1989
Erstes „Donnerstag-Gespräch" des DDR-Fernsehens

9. November 1989
Fall der Mauer

11. November 1989
Das „Staatliche Komitee für Rundfunk" übernimmt die Verantwortung für die Tätigkeit des Rundfunks in der DDR-Zeit

30. November 1989
Das Staatliche Komitee für Rundfunk löst sich auf

29. Januar 1990
Runder Tisch im Weimarer Funkhaus

22. Februar 1990
Erste Beratung beim Deutschen Fernsehfunk (DFF) in Berlin über die Zukunft des Fernsehens in den sich abzeichnenden Ländern

14. März 1990
Das Fernsehen der DDR heißt wieder Deutscher Fernsehfunk (DFF)

18. März 1990
Volkskammerwahlen in der DDR

25. März 1990
Die erste eigene Thüringer Fernsehsendung kommt aus Gera: „Länder life. Leben in den Ländern"

5. April 1990
Der DFF wird gleichberechtigter Partner im Satellitenprogramm 3sat

17. April 1990
Die erste kirchliche Andacht im Hörfunk der DDR wird vom Sender Weimar ausgestrahlt

Der DFF strahlt erstmals kommerzielle Werbespots aus

8. Mai 1990
Ausstrahlung des ersten „Thüringen Journals"

Juni 1990
Einzug der Thüringer Fernsehredaktion in das neue Studio in Gera (Hermann-Drechsler-Straße 1)

16. Juni 1990
DS-Kultur beginnt mit der Ausstrahlung eines neuen Kulturprogramms auf den Frequenzen des vorherigen Deutschlandsenders. Da DS-Kultur eine Fusion von Radio DDR II und Deutschlandsender ist, stehen die bisher von Radio DDR II genutzten Frequenzen nun ganz den regionalen Hörfunkprogrammen zur Verfügung

21. Juni 1990
Erste Fernsehsendung aus dem neuen Studio in Gera

1. Juli 1990
Der DFF gründet einen Landessender in Thüringen: „thr – Fernsehen mit Herz"

Mit dem Tag der Wirtschafts-, Währungs- und Sozialunion wird aus dem Sender Weimar der „Thüringer Rundfunk" mit seinem Programm „Thüringen EINS"

13. August 1990
Der DFF startet eigene Regionalprogramme aus den Ländern

14. August 1990
Wegen fehlender Leitungen/Richtfunkstrecke beginnt die regelmäßige mehrmalige Ausstrahlung pro Woche des „Thüringen Journals" mit eintägiger Verspätung

September 1990
Der Landessender Thüringen des DFF sendet täglich Magazinsendungen im Abendprogramm

3. Oktober 1990
Die DDR tritt der Bundesrepublik bei. Rechtliche Grundlage für den Rundfunk in der ehemaligen DDR ist Artikel 36 des Einigungsvertrages. Fernsehen und Hörfunk gehören nun zu einer „Einrichtung", an deren Spitze ein Rundfunkbeauftragter mit einem Beirat stehen soll

Beginn einer Programmkooperation zwischen Thüringer und Hessischem Rundfunk im Hörfunk

15. Oktober 1990
Rudolf Mühlfenzl wird zum Rundfunkbeauftragten der neuen Länder gewählt, er leitet die „Einrichtung lt. Artikel 36 des Einigungsvertrages", kurz Einrichtung

30. Mai 1991
Unterzeichnung des Staatsvertrages zur (Wieder)Gründung des Mitteldeutschen Rundfunks in der Erfurter Staatskanzlei

19. Juni 1991
Thüringen ratifiziert den Staatsvertrag über den Mitteldeutschen Rundfunk

1. Juli 1991
Der Staatsvertrag tritt in Kraft, der „Mitteldeutsche Rundfunk" besteht wieder

7. Juli 1991
Der MDR-Rundfunkrat konstituiert sich und wählt Udo Reiter zum Gründungsintendanten

12. Juli 1991
Der Thüringer Landtag verabschiedet ein Privatrundfunkgesetz, das am 27. Juli in Kraft tritt

31. Juli 1991
MDR-Gründungsintendant Udo Reiter beantragt die Aufnahme des MDR in die ARD

19. August 1991
Der Rundfunkbeirat des MDR bestätigt die Berufung Kurt Mornewegs zum Gründungsbeauftragten für Thüringen
Außerdem beschließt der Rundfunkbeirat die Gründung einer Werbetochter – Mitteldeutsche Rundfunkwerbung GmbH– mit Sitz in Erfurt

1. Januar 1992
Der „Mitteldeutsche Rundfunk" beginnt mit seinen Programmen. Er tritt der ARD bei

2. Januar 1992
Erstes „Thüringen Journal" des MDR

Februar 1994
Nach Vorwürfen, der MDR gefährde mit seinen Bauplänen für ein Funkhaus auf der ega Arbeitsplätze, distanziert sich der MDR von diesem Standort. Kurz darauf ändern die Baugegner ihre Einstellung und erkennen die Vorzüge einer MDR-Ansiedlung

21. September 1994
Der MDR erwirbt das Bauland auf der ega

1995
Architektenwettbewerb für die MDR-Bauvorhaben

6. Juni 1994
Einweihung des neuen Studios in Erfurt in der Alfred-Hess-Str. 37 nach dem Umzug aus Gera

5. Juni 1995
Beginn der Ausstrahlung von abendlichen Andachten („Gedanken zur Nacht") bei MDR 1 Radio Thüringen

24. April 1996
Entscheidung der ARD-Intendanten in Magdeburg, den Kinderkanal von ARD und ZDF in Erfurt anzusiedeln

1. Januar 1997
Sendestart des „Kinderkanals" in Erfurt

Januar 1997
Der MDR reicht den Bauantrag ein

22. Oktober 1997
Erste Spatenstich für den MDR-Neubau

5. Februar 1997
Erste Sendung des Fernseh-Magazins „Thüringen privat"

15. September 1998
Gründung der trimedialen Redaktion „Weimar 99" im Landesfunkhaus Thüringen

16. September 1998
Richtfest für den MDR-Neubau auf der ega

1. Januar 1999
Beginn des Kulturstadtjahres „Weimar 1999"

3. Mai 1999
Das MDR-Internet-Fernsehen des Kulturstadtjahres „www-tv" geht erstmals ins Netz

Sendestart des Kulturstadt-Magazins „MDR 1 Radio Thüringen Kulturnacht"

5. Mai 1999
Eröffnung des MDR-Programmladens am
Weimarer Markt

1. September 2000
Sendestart von MDR 1 Radio Thüringen aus dem
neuen Funkhaus in Erfurt

Sendestart des Kinderkanals aus dem neuen
Funkhaus in Erfurt

1. Dezember 2000
Sendestart des Thüringer MDR-Fernsehens aus
dem neuen Funkhaus

Danksagung

Die vorliegende erste „Geschichte des Rundfunks in Thüringen" ist vor allem jenen zu danken, die als Gesprächspartner ihre Erinnerungen zur Verfügung gestellt haben.

Ganz besonders bedanken möchte ich mich bei:

Joachim Bardohn, Thomas Diezoldt, Klaus Dylus, Matthias Gehler, Eva Hempel, Arthur Hermasch, Erich Höhn, Klaus Horn, Barbara Krause, Steffen Lieberwirth, Johann Michael Möller, Prof. Kurt Morneweg, Friedrich Ostermuth, Hagen Pfau, Marian Riedel, Ulrich Röscher, Harald Sondermann, Hilmar Süß, Michael Wenkel

Dr. Torsten Unger

MITTELDEUTSCHER RUNDFUNK
„Radio-Geschichte(n)"

In diesem einmaligen, größtenteils farbigen Bildband unternimmt der Leser eine unterhaltsame und abenteuerliche, aber auch lehrreiche Reise durch ein Jahrhundert Rundfunkgeschichte. Das 75jährige Jubiläum des Mitteldeutschen Rundfunks im Jahre 1999 war der Anlaß, die hochinteressante Geschichte des Rundfunks, angefangen von den gesellschaftlichen und politischen Rahmenbedingungen bis hin zur technischen Entwicklung, dokumentarisch festzuhalten.

Hardcover, 24 cm x 30 cm, 320 Seiten,
ca. 900 Abbildungen
ISBN 3-930550-10-5

Preis: 25,50 Euro

MITTELDEUTSCHER RUNDFUNK
„Die Geschichte des Sinfonieorchesters"

Das reichlich mit Bildern und Zeitdokumenten ausgestattete Buch erzählt die Wirkungsgeschichte des Sinfonieorchesters. Die Chronik zum 75jährigen Gründungsjubiläum des MDR-Sinfonieorchesters und des MITTELDEUTSCHEN RUNDFUNKS entstand in enger Zusammenarbeit mit dem Deutschen Rundfunk-Archiv Frankfurt/Main und Berlin, dem Stadtgeschichtlichen Museum Leipzig, dem Stadtarchiv Leipzig und dem Orchesterarchiv des MITTELDEUTSCHEN RUNDFUNKS.

Hardcover, 24 cm x 30 cm, 193 Seiten,
ca. 400 Abbildungen s/w
ISBN 3-930550-09-1

Preis: 18,00 Euro

Beide Bücher zu beziehen
über www.querstand.de
oder jede gute Buchhandlung